民航单位应急管理工作体系建设指南

A Guide to the Construction of Emergency Management Work System of Civil Aviation Units

熊康昊　著

北　京
冶 金 工 业 出 版 社
2024

内容提要

本书针对当前民航单位应急管理工作普遍缺乏规划和引导，统筹性、计划性、系统性不强的问题，基于 NIMS（美国国家事故管理系统）的“应急准备循环”，结合我国民航应急管理工作实践，以“应急准备/应急管理工作”为对象，以“PDCA 循环”为线索，提出“预案与制度”“组织与资源”“应急培训”“应急演练”和“评估与改进”的民航单位应急管理工作体系建设框架，以期为民航单位有效应对各类突发事件，做好各项日常应急管理工作，提供一套系统、清晰和全面的工作方法。

本书可供民航单位、应急管理部门、安全管理部门、运行管理和保障部门等单位的负责人、主管与应急管理人员阅读，也可供相关科研院所工作人员、高校师生参考。

图书在版编目(CIP)数据

民航单位应急管理工作体系建设指南/熊康昊著.—北京：冶金工业出版社，2023.1（2024.3 重印）

ISBN 978-7-5024-9377-6

Ⅰ.①民… Ⅱ.①熊… Ⅲ.①民航运输—突发事件—公共管理—指南 Ⅳ.①F560.81-62

中国国家版本馆 CIP 数据核字(2023)第 018905 号

民航单位应急管理工作体系建设指南

出版发行 冶金工业出版社 **电　话** (010)64027926
地　址 北京市东城区嵩祝院北巷 39 号 **邮　编** 100009
网　址 www.mip1953.com **电子信箱** service@mip1953.com

责任编辑 杨 敏 美术编辑 燕展疆 版式设计 郑小利
责任校对 梅雨晴 责任印制 窦 唯
北京虎彩文化传播有限公司印刷
2023 年 1 月第 1 版，2024 年 3 月第 2 次印刷
787mm×1092mm 1/16；12 印张；286 千字；181 页
定价 80.00 元

投稿电话 (010)64027932 投稿信箱 tougao@cnmip.com.cn
营销中心电话 (010)64044283
冶金工业出版社天猫旗舰店 yjgycbs.tmall.com
（本书如有印装质量问题，本社营销中心负责退换）

前　言

为了规范和指导民航管理部门与民航生产经营单位建立健全应急管理工作体系，明确应急管理工作思路，构建持续改进的应急管理工作机制，促进应急管理工作有计划、有步骤、有保证、有目标地开展，推进和落实各项应急准备工作，作者撰写了本书。

本书第1章为概论，重点阐述了本书的编撰目的、编撰依据，说明了诸如“民航单位”“民航单位应急管理工作体系”等基本概念，明确了适用范围和基本原则；第2章为民航单位应急管理工作体系的顶层设计与建设框架，重点说明了民航单位应急管理工作体系的顶层设计，阐述了民航单位应急管理工作体系建设框架，并明晰了民航单位应急管理工作体系建设与安全管理体系（SMS）建设的关系；第3章为预案与制度，重点阐述了规划计划、规章制度与应急预案三个方面的基本建设内容和要求；第4章为组织与资源，重点阐述了组织管理与资源管理两个方面的基本建设内容和要求；第5章为应急培训，重点阐述了培训对象与需求、培训组织与实施、培训资源与保证三个方面的基本建设内容和要求；第6章为应急演练，重点阐述了演练目的与原则、演练类型与要求、演练组织与实施、演练资源与保证四个方面的基本建设内容和要求；第7章为评估与改进，重点阐述了评估目的与原则、评估类型与要求、持续改进、绩效与奖惩四个方面的基本建设内容和要求。

书中增加了起辅助作用的“备注”“建议”和“示例”等内容，以便读者更好地理解正文。其中，“备注”是对正文部分内容进一步地解释和说明；“建议”是结合正文部分内容对民航单位开展相关工作的提示性、推荐性和参考性内容；“示例”是民航单位已经开展的相关实践活动。

本书提供的是为民航单位有效应对各类突发事件，做好各项日常应急管理工作而实施的系统、清晰和全面的工作方法，除适用于民航单位外，也适用于航空安全、空防安全、公共卫生、网络安全、防台防汛、工程建设安全等多个应急管理领域。

在本书即将出版之际，作者在此特别感谢民航局综合司和应急办领导的大力支持，感谢相关民航企事业单位的长期合作和支撑，感谢学院与系领导的关心和指导，感谢同事与朋友的无私帮助和教诲。

由于作者水平有限，对一些理论问题尚未开展深入研究，且本书提到的一些观点和做法仍处于探索阶段，难免有疏漏和不当之处，敬请读者批评指正。

作　者

2022 年 5 月 2 日

目　录

1 概　　论

本书的编制是为了规范和指导民航管理部门与民航生产经营单位建立健全应急管理工作体系，明确应急管理工作思路，构建持续改进的应急管理工作机制，促进应急管理工作有计划、有步骤、有保证、有目标地开展，推进和落实各项应急准备工作，供各单位参考使用。

本书在编撰过程中主要参考了以下法律、法规、规章、标准等文件：

（1）《中华人民共和国突发事件应对法》；

（2）《中华人民共和国安全生产法》；

（3）《中华人民共和国民用航空法》；

（4）《中华人民共和国反恐怖主义法》；

（5）《中华人民共和国搜寻救援民用航空器规定》；

（6）《生产安全事故应急条例》；

（7）《中国民用航空应急管理规定》（CCAR-397）；

（8）《交通运输部关于修改〈运输机场运行安全管理规定〉的决定》（CCAR-140-R2）；

（9）《民用运输机场突发事件应急救援管理规则》（CCAR-139-II-R1）；

（10）《民用航空安全信息管理规定》（CCAR-396-R3）；

（11）《民用航空安全管理规定》（CCAR-398）；

（12）《民用航空器飞行事故应急反应和家属援助规定》（CCAR-399）；

（13）《民航应急预案管理办法》（民航规［2019］38 号）；

（14）《民航安全管理体系（SMS）审核管理办法》（民航规［2021］12 号）；

（15）《运输机场安全管理体系（SMS）建设指南》（AC-139/140-CA-2019-3）；

（16）《关于航空运营人安全管理体系的要求》（AC-121/135-FS-2008-26）；

（17）《民航空中交通管理安全管理体系（SMS）建设指导手册（第三版）》（MD-TM-2011-001）；

（18）《生产经营单位生产安全事故应急预案编制导则》（GB/T 29639—2020）；

（19）《生产安全事故应急演练基本规范》（AQ/T 9007-2019）；

（20）《生产安全事故应急演练评估指南》（AQ/T 9009-2015）；

（21）民航局、政府应急管理部门颁发的其他相关规章、标准等规范性文件。

1.1　基本概念

本书所称“民航单位”是民航管理部门与民航生产经营单位的合称。

本书所称“民航生产经营单位”是指在中华人民共和国境内依法设立的民用航空器经营人、飞行训练单位、维修单位、空中交通管理运行单位、民用机场（包括军民合用机场民用部分）以及地面服务保障等民航企事业单位。

本书所称“民航单位应急管理工作体系”是指民航单位为了有效应对各类突发事件，提升应急能力，做好各项日常应急管理工作（应急准备工作），而实施的系统、清晰和全面的工作方法。

本书所称“突发事件”是指突然发生的，危及或者可能危及航空器或民航单位安全，造成或可能造成民航单位运行效率丧失或下降、人员伤病亡、财产损失，严重影响民航单位声誉以及严重危害社会，需要立即采取措施予以应对的事件。

备注1：应急管理与应急管理工作

应急管理是一个大概念，包括针对突发事件开展的预防与应急准备、监测与预警、应急处置与救援、事后恢复与重建等活动。

应急准备是应急管理的重要组成部分，是指为了提升应急处置能力，而在平时持续循环进行的预案与制度、组织与资源、培训、演练、评估和改进等活动。

为了便于民航单位理解和使用，本书所称应急管理工作即为“应急准备”。

备注2：应急管理体系与应急管理工作体系

应急管理体系是一个大概念，覆盖应急管理活动全过程；“一案三制”即是具有中国特色的应急管理体系框架，其中“一案”是应急预案，“三制”分别是应急管理体制、应急管理机制和应急管理法制。

应急管理工作体系或者称之为“应急准备体系”是一个小概念，是指为了有效应对各类突发事件，提升应急能力，做好各项日常应急管理工作或者说应急准备工作，而实施的系统、清晰和全面的工作方法。

本书规范的应急管理工作体系建设是在“一案三制”应急管理体系框架的规范下，以PDCA为逻辑框架，以应急管理工作/应急准备为核心，对“一案三制”各项工作的具体细化、深化和落地实践，如图1-1所示。

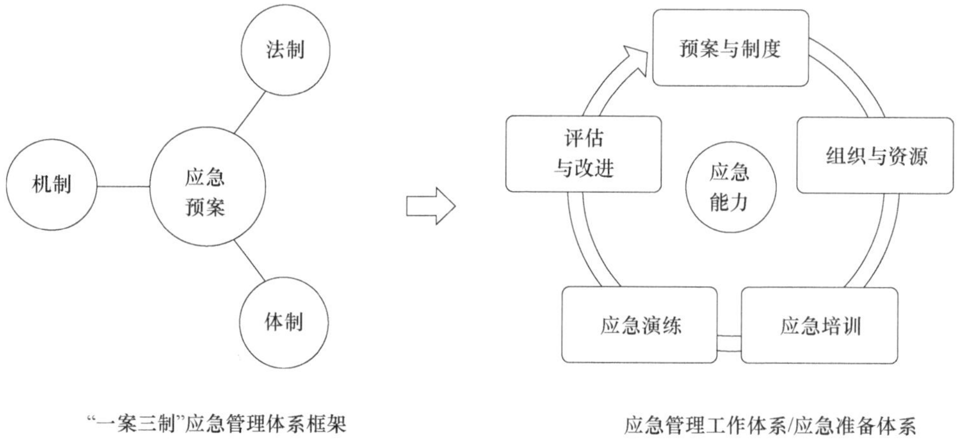

“一案三制”应急管理体系框架　　应急管理工作体系/应急准备体系

图1-1　从“一案三制”应急管理体系到应急管理工作体系/应急准备体系建设

1.2 适用范围

本书旨在提供一套民航单位应急管理工作体系建设的方法论和工具库，适用于民航单位为应对各类突发事件而开展的应急管理工作体系建设工作。

本书所规范的应急管理工作体系建设主要针对日常的应急管理工作或者更准确地称之为“应急准备工作”，不包含应急管理活动中的“预防”“监测与预警”“应急处置与救援”“事后恢复与重建”工作，不涉及危险源识别、隐患排查与风险管控等安全管理工作。

备注：应急管理与安全管理的关系

《中华人民共和国突发事件应对法》中规定：“突发事件的预防与应急准备、监测与预警、应急处置与救援、事后恢复与重建等应对活动，适用本法。”

可以看出，应急管理覆盖了突发事件应对的全流程，即“预防与应急准备、监测与预警、应急处置与救援、事后恢复与重建”等活动，分别对应突发事件的事前（酝酿期）、事中（萌芽期和发展期）、事后（衰落期）的发展环节，如图 1-2 所示。

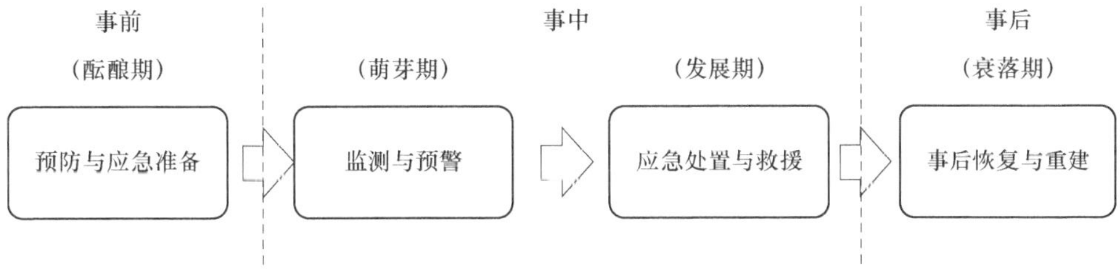

图 1-2　应急管理活动全过程

从广义上看，应急管理与安全管理的范围是基本一致的，都涵盖了“预防与应急准备、监测与预警、应急处置与救援、事后恢复与重建”四个环节。只不过，应急管理是从“监测与预警、应急处置与救援”为基点，向前向后延伸至“预防”与“事后恢复与重建”；安全管理则是从“预防”为基点，向后延伸至“监测与预警、应急处置与救援、事后恢复与重建”。从某种意义上，可以认为立足点和出发点是应急管理与安全管理之间最大的区别。

从狭义来看，SMS（安全管理体系）认为“安全是一种状态”。如果以突发事件/事故为界限，可以将这个状态一分为二：前半部分（突发事件/事故发生之前），主要的任务是维持“安全”这种状态不被打破，主要工作是“预防和控制”，即“狭义的安全管理”；后半部分（突发事件/事故发生之后），主要的任务是使整个系统尽快恢复至“安全”状态，主要工作是“准备和处置”，即“狭义的应急管理”。

综合上述分析，本书认为安全管理和应急管理的核心都是风险管理，但是范围、侧重点等均有所区别；对于民航单位而言，安全管理侧重于基于风险管理的预防和控制，应急管理侧重于基于风险管理的准备和处置。具体见图 1-3。

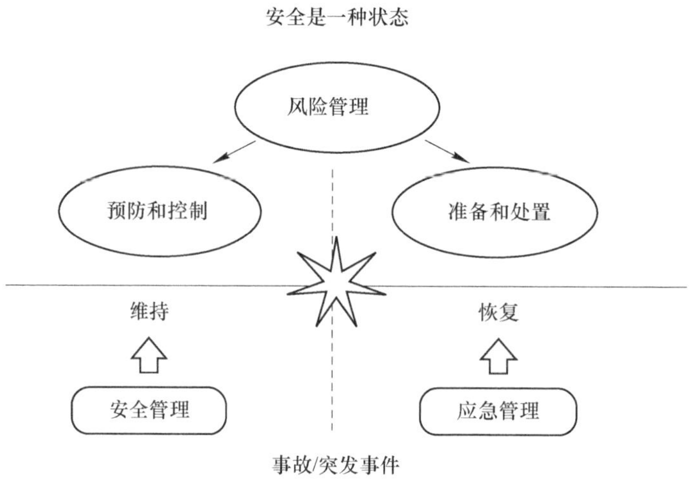

图 1-3　狭义角度下应急管理与安全管理的关系

1.3　基本原则

在《中国民用航空应急管理规定》（CCAR-397）提到的"民航应急工作建立统一领导、综合协调、分类管理、分级负责的管理体制"的基础上，本书认为民航单位应急管理工作体系建设应坚持"统一领导，平战结合；顶层协调，专项管理；主体责任，协同联动"的基本工作原则。

1.3.1　统一领导、平战结合

民航单位应急管理工作涉及多个领域、多个部门、多个环节，应急管理工作体系建设更是一项复杂和艰巨的系统工程，既要做好"平时"的应急准备工作，又要能快速转换成"战时"体系，这就要求民航单位应急管理工作必须要有强有力的统一领导核心和高效灵敏的平战结合模式。

备注 1：统一领导

当前无论是民航管理部门还是空管单位、航空公司、机场等民航生产经营单位都已经在单位层面设置了应急管理工作领导机构，也要求其下属单位分别成立对应的领导机构，在纵向层面不存在较大问题。真正的问题在于，往往民航单位在顶层存在多个领导机构，如安全管理委员会、网络安全领导小组、公共卫生领导小组、反恐领导小组、空防安全领导小组等，这些领导机构和应急管理工作领导机构的人员构成基本相同，职责互有交叉。

从实际情况来看，由于顶层存在交叉和重叠，各单位应急管理工作领导小组在应急管理工作中存在被"架空"的现象，甚至"形同虚设"。因此，如何协调顶层各个领导机构之间的关系，真正加强应急管理工作的"统一领导"，成为理顺民航应急管理体制，加强应急管理工作体系建设的一道难题。

本书认为，民航单位应在坚持现有"统一领导"的基础上，着重解决顶层各个领导机构之间的关系问题，理顺顶层关系。在总体国家安全观的指导下，提高应急管理工作领导机构的层级，使其成为各项工作应急管理环节的最高决策机构，明确其与相关领域的领导机构，如安委会、运管委、反恐委、网络安全领导小组、公共卫生领导小组等是协作关系，仅负责相关领域内与应急活动有关的工作和事项。这些领导机构中有关应急管理部分的事项或重大决议，必须经过应急管理工作领导机构通过和发布，一旦发生突发事件，必须以应急管理工作领导机构为统一领导机构，该专项领域的领导机构为辅助角色。

备注 2：平战结合

“平战结合”旨在体系建设层面推进应急管理工作常态化和应急处置的灵敏度。民航单位应深入落实将民航应急工作融入日常安全运行工作的具体要求，推进落实应急管理工作常态化。一方面，要将应急准备工作如应急预案体系建设、应急培训、应急演练、评估考核常态化；另一方面，要将应急值守、应急处置与运行值班体系高度融合，发挥日常值班体系的作用，打造反应灵敏的值守与指挥体系，提高平战转换效率，进而提升应急处置效果。

1.3.2 顶层协调、专项管理

在“统一领导”的基础上，扬弃“综合协调”，加强“分类管理”，形成“顶层协调”“专项管理”的应急管理工作体系建设模式。

备注 1：顶层协调

“顶层协调”是对“综合协调”的扬弃，民航应急管理工作涉及多个领域、多个部门、多个环节，必须要有强有力的协调。但是，现阶段的“综合协调”已难以完成该项工作，而且大多数民航单位的应急管理综合协调部门也达不到“综合协调”的设置，一般均为部分突发事件的协调机构。因此，应当将“综合协调”的功能，一部分提升至“顶层协调”，即将重大事项决策和协调交由领导机构顶层协调，提高协调力度和效率；一部分下放至分类管理部门，这样也省去了不少协调部门，同时也提高了协调的专业程度。

备注 2：专项管理

在“综合协调”提升至“顶层协调”的基础上，进一步加强“分类管理”为“专项管理”，所谓“专项管理”即和国家组建应急管理部的思路类似，在具体突发事件应急管理领域，推动应急管理职能由非常态转向常态，在每一个领域建立由一个强有力的核心部门牵头，各方协调配合的应急管理体制和应急管理工作体系建设模式。

1.3.3 主体责任、协调联动

深化“分级负责”为“主体责任”“协调联动”，明确各方责任边界，落实应急管理责任制，建立协同联动机制。

备注：

“分级负责”是指各方按照职责边界，各守其位，强调的是“分”，而“分”必然就带来协同不畅，同时可能因为职责边界不清晰，造成互相扯皮或越权越界的情况。将“分级负责”升级扩展为“主体责任”“协同联动”，多是强调在职责清晰基础上的“合”，并且也着重强调了各方责任，做到不缺位、不越权。

2 民航单位应急管理工作体系的顶层设计与建设框架

2.1 民航单位应急管理工作体系的顶层设计

应急管理工作体系是直接对应于突发事件，也就是说民航单位应急管理工作体系建设应首先分析清楚民航单位所面临突发事件的种类和范围。

民航单位应根据自身运行实际和需求，结合风险管理工作，对本单位面临的各类突发事件进行系统性评估和分析，开展和落实突发事件分析工作，为应急管理工作体系建设的科学、有序开展奠定基础。

同时，应急管理本质上并不是一项独立的工作，而是民航单位各个生产运行模块的"末端环节"，如航班运行、反恐安保、网络安全、自然灾害、公共卫生等工作都包含应急环节，而这些生产运行模块的法规要求、组织架构、业务流程和处置要求均有明显区别。

因此，基于"统一领导、专项管理"的应急管理工作基本原则，民航单位应急管理工作体系在满足"统一领导"的前提下，可以根据自身生产运行实际，按照"专项管理"的原则，基于突发事件分类，搭建若干既相互独立又紧密联系的突发事件应急管理工作体系。

在实务中，工作流程和要求相近的应急管理工作体系可以按需合并建设。

备注/示例 1：突发事件分类

本书借鉴相关单位实践，给出以下几类民航单位的突发事件分类框架，仅供参考。

1. 空管单位

本书所称"空管单位"均指民航局空管局系统的各单位。

根据民航局空管局制定相关规范性文件，空管单位突发事件总体分为两大类：安全运行突发事件和突发公共事件。

（1）安全运行突发事件。根据《空管系统安全运行应急管理规定》（AP-397-ATMB-2020-002），安全运行突发事件是指在空管运行过程中突然发生，直接危及航空安全，或严重影响空管运行效率，需要立即采取措施予以应对的事件。其下，又分为空中交通服务突发事件、空管运行环境突发事件和航空器突发事件。

1）空中交通服务突发事件是指在空中交通服务过程中，突然发生，已经或可能造成服务能力降低或丧失，需要立即采取措施予以应对的事件。

2）空管运行环境突发事件是指在空中交通服务过程中，突然发生，已经或可能造成空管运行效率下降、空中交通服务停止，但不直接造成空中交通服务能力降低，需要立即采取措施予以应对的事件。

3）航空器突发事件是指在空中交通服务过程中，航空器遭遇失事、失联、特情、非法干扰以及恶劣天气等情况，已经或可能造成航空器严重损坏、人员伤亡等后果，需要立即采取措施予以协助应对的事件。

各类事件又可进一步细分，具体参见《空管系统安全运行应急预案编制与演练指南》(IB-ATMB-2020-005)，本书不再赘述。

(2) 突发公共事件。以某空管单位为例，其将突发公共事件分为自然灾害、事故灾难、社会安全事件、公共卫生事件、网络安全事件、舆情事件6类，见图2-1。

1) 自然灾害是指可能或已经出现的突发性自然灾害事件，包括但不限于以下情况：洪汛、地震、地质等。

2) 事故灾难包括但不限于火灾、车辆伤害、电梯事故、触电事故、高空坠落、房屋倒塌等，造成单位内部人身伤亡或者直接经济损失的意外事故。

3) 社会安全事件是指可能或已经发生的综合治安违法犯罪突发事件及暴恐袭击。

4) 公共卫生事件是指突然发生、造成或者可能造成职工身心健康严重损害的重大传染病疫情、群体性不明原因疾病、重大食物中毒等事件引起的严重影响职工身心健康的公共卫生事件应急处理工作。

5) 网络安全事件是指由于自然灾害、设备软硬件故障、病毒或黑客入侵、人为失误或破坏等原因，导致严重影响重要信息系统和网络的正常运行，出现主要业务中断、系统瘫痪、关键数据丢失或核心信息失窃密等网络安全事件。

6) 舆情事件是指突然发生、造成或者可能造成严重影响管制运行秩序和社会影响，需要采取应急处置措施予以应对的事件；包括但不限于以下情况：纸媒、电媒、互联网等媒体出现对单位错误的、消极的、不利的信息，已经或可能对单位声誉产生影响的媒体负面信息。

各类事件又可进一步细分。

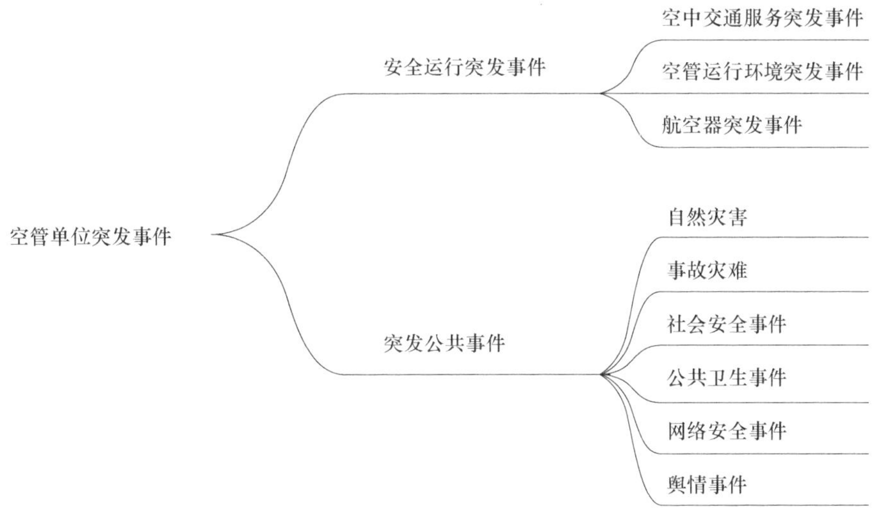

图2-1 空管单位突发事件参考示例

2. 机场

以某干线机场为例，其从整体上将机场面临的突发事件划分为涉及民航的领域（或称之为民航领域）和不涉及民航的领域（或称之为公共领域），相应的机场突发事件也可从整体上分解为民航领域的机场突发事件和公共领域的机场突发事件。民航领域的机场突发事件是指对航空安全、运行或服务等民航活动产生直接影响的各类事件或情况。如航空器失事、航站楼受爆炸袭击、航班大面积延误、台风、重大传染病疫情等。公共领域的机场突发事件是指造成或可能造成机场人员伤病亡、财产损失、声誉受损等，但不对航空安全、运行、服务等民航活动产生直接影响的各类事件或情况。如基建工地人员高坠、部分区域的办公场所失火、工作人员食物中毒、工作人员交通事故、部分网络安全事件等。

（1）民航领域的机场突发事件。在民航领域的机场突发事件范畴内，又分为应急救援事件、运行危机事件两大类。

1）应急救援事件。应急救援事件，即《民用运输机场突发事件应急救援管理规则》（CCAR-139-II-R1）中规定的，“在机场及其邻近区域内，航空器或者机场设施发生或者可能发生的严重损坏以及其他导致或者可能导致人员伤亡和财产严重损失的情况”。

一般情况下，应急救援事件按对象分为航空器突发事件和非航空器突发事件；根据事件性质，还可分为航空安全事件和空防安全事件。

①航空器突发事件。航空器突发事件主要分为航空器失事、航空器空中遇险、航空器跑道事件与地面遇险、航空器受非法干扰等。

a. 航空器失事，是指在运行过程中各种原因导致的航空器严重受损及人员重大伤亡事件。

b. 航空器空中遇险，是指航空器在飞行中发生的各类遇险事件。主要包括空中故障、空中受损、遭遇危险天气等事件。

c. 航空器跑道事件与地面遇险，主要包括跑道事件、航空器与航空器地面相撞、航空器与车辆、障碍物或其他设备设施在地面相撞及其他造成航空器地面意外受损的情况。

d. 航空器受非法干扰，指危害民用航空安全的行为或未遂行为，包括但不限于：非法劫持航空器；毁坏使用中的航空器；在航空器上扣留人质；强行闯入航空器驾驶舱；为犯罪目的而将武器或危险装置、材料带入航空器；利用使用中的航空器造成死亡、严重人身伤害，或对财产或环境的严重破坏；散播危害飞行中的航空器安全的虚假信息等。

②非航空器突发事件。根据事件性质和处置需要，非航空器突发事件分为机场受非法干扰、机场受非法干扰信息威胁、机场设施设备失火或受损、机场危险品泄漏、自然灾害、医学突发事件等。

a. 机场受非法干扰，是指危害民用航空安全的行为或未遂行为，包括但不限于：在机场扣留人质；强行闯入机场或航空设施场所；为犯罪目的而将武器或危险装置、材料带入机场等。

b. 机场受非法干扰信息威胁，是指机场及要害部位受爆炸物等危险物品威胁，一般包括发现危险物品、收到威胁信息。

c. 机场设施设备失火或受损，是指机场区域内设施设备失火或因极端天气等原因造成受损。

d. 机场危险品泄漏，是指与航空器无关，在机场储存、装卸、交运过程中出现的（疑似）危险品泄漏、污染或爆炸突发事件。

e. 自然灾害，包括地震、灾害性天气等。

f. 医学突发事件，是指突然发生，造成或者可能造成社会公众健康严重损害的重大传染病疫情、群体性不明原因疾病、重大食物和职业中毒以及其他严重影响公众健康的事件。

g. 突发人员伤病亡事件，是指在机场范围内，除以上原因之外导致的人员意外伤、病、亡事件。

2）运行危机事件。运行危机事件，是指发生在机场及其邻近区域内，不直接造成航空器受损和人员伤亡，但会造成机场运行效率降低或丧失的各类事件，如：

①大面积航班延误，是指在某一时段内一定数量的进、出港航班延误或取消，导致大量旅客滞留，超出机场高峰小时保障能力的事件。

②停电，是指由于供电保障设备或系统由于自然灾害、故障、停电等情况失效，导致机场重要运行设施设备部分或整体无法正常使用，造成机场整体运行保障能力降低或丧失。

③机场扰乱行为，是指滋事人员在机场区域不遵守规定，或不听从机场工作人员指示，从而扰乱机场良好秩序的行为。

④重要运行设备系统故障，是指机场重要运行设施、设备、信息系统由于自然灾害、故障、停电等情况发生部分或全部功能无法正常使用，导致机场整体运行保障能力降低或丧失的情况。

⑤不明升空物，是指出现在机场相关区域内，影响机场正常运行、严重干扰飞行秩序、危及飞行安全的迷航或不明航空器、未经事前批准或通报的无人机、动力三角翼、滑行伞、动力伞、热气球、航空模型、风筝、孔明灯等升空物。

⑥机场区域交通严重拥堵，是指机场区域交通秩序受到各种原因导致的严重拥堵或临时关闭的情况。

⑦其他运行危机事件。

（2）公共领域的机场突发事件。根据事件性质，其将公共领域的机场突发事件分为工程建设安全事件、公共卫生事件、消防事件、舆情事件等类别，具体见图 2-2，本书就不再一一列举和阐述。

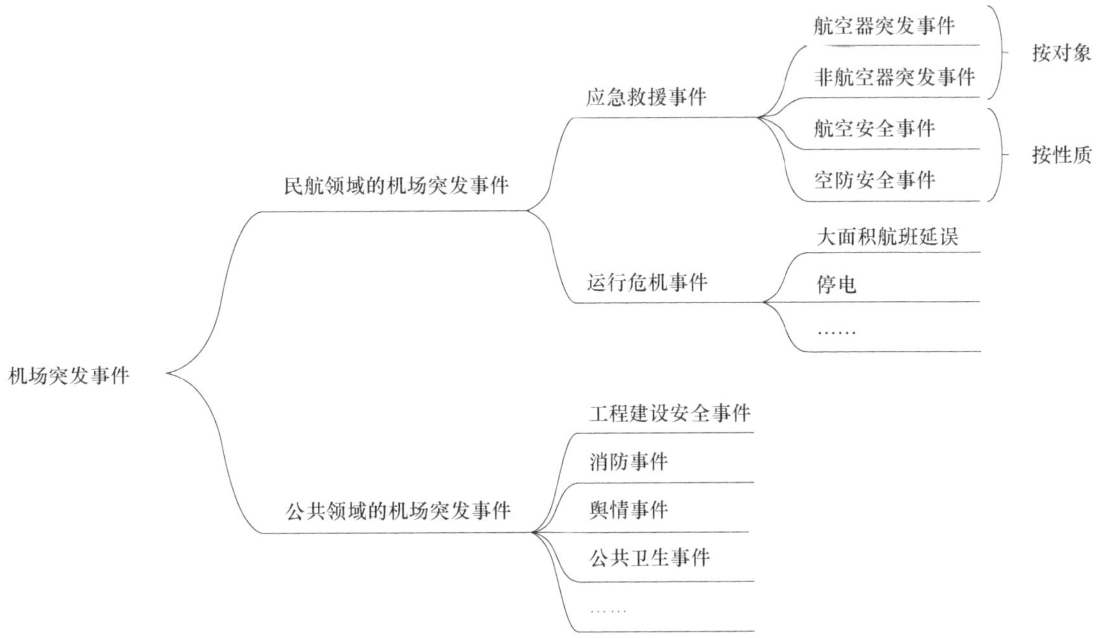

图 2-2　某机场突发事件参考示例

3. 航空公司

以某大型航空公司为例，其将突发事件分为航空运行类和非航空运行类两大类，具体见图 2-3。

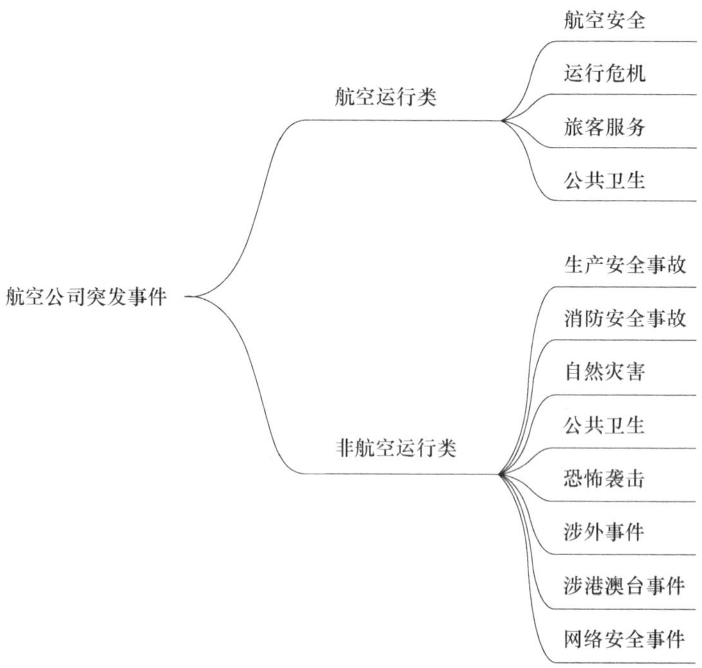

图 2-3　某航空公司突发事件参考示例

（1）航空运行类。航空运行类事件是指与航空运行直接相关，危及或者可能危及航空安全，造成或可能造成运行效率丧失或大幅下降需要立即采取措施予以应对的事件，主要包括航空安全、运行危机、旅客服务、公共卫生等。

1）航空安全事件。航空安全事件主要包括直接危及或者可能危及航空安全的各类相关突发事件。

航空安全事件根据事件性质和后果，可进一步分为航空器失事、航空器失联/失踪、航空器被劫持、航空器空中故障/受损、航空器空中失火/危险品泄漏、空中颠簸、机组失能、最低油量/紧急油量、跑道事件、发现爆炸物、爆炸物威胁、其他非法干扰活动、航空器地面安全事件。

①航空器失事，是指由于天气原因、技术操作、人为破坏、航空器设备失灵、自然灾害等因素造成的飞机损毁、人员重大伤亡事件。

②航空器失联/失踪。飞机通信设备无故障时，公司及管制部门均与飞机通信中断，且不能确定航空器位置，称之为航空器失联。在官方搜寻工作结束时仍不能确定航空器或其残骸位置，称之为航空器失踪。

③航空器被劫持，是指以武力或其他方式劫持飞机、强迫机组操纵飞机改变预定航线，飞往其他境内外机场降落的活动及行为。

④航空器空中故障/受损，包括航空器在飞行中发生的各类故障及受损情况。其中，飞行中是指自航空器为实际起飞而使用动力时起，至着陆冲程终止的过程。

⑤航空器空中失火/危险品泄漏，是指航空器在空中出现明火、火警或危险品泄漏等情况。

⑥空中颠簸，是指航空器出现空中颠簸，造成人员伤亡或航空器结构受损。

⑦机组失能，是指飞行中飞行机组成员丧失工作能力。

⑧最低油量/紧急油量，是指航空器出现最低油量或紧急油量的情况。

⑨跑道事件，是指航空器在起飞和着陆过程中，冲出、偏出跑道或跑道外接地，造成人员受伤、航空器受损等情况。

⑩发现爆炸物，是指在航空器上已经发现爆炸物或其他危险物品，从而可能破坏飞机或引起飞机损坏、减低飞行能力，使飞机安全受到侵害或出现险情的活动及行为。

⑪爆炸物威胁，是指当面威胁或电话威胁炸机的行为。

⑫其他非法干扰活动，是指除劫持、发现爆炸物、爆炸物威胁之外，其他危害航空器安全的行为或未遂行为，包括毁坏使用中的航空器，在航空器上或机场扣留人质，强行闯入航空器、机场或航空设施场所，为犯罪目的而将武器或危险装置、材料带入航空器或机场，利用使用中的航空器造成人员死亡、严重人身伤害，或对财产或环境的严重破坏，散布危害飞行中或地面上的航空器、机场或民航设施场所的旅客、机组、地面人员或大众安全的虚假信息等。

⑬地面安全事件，包括航空器不在飞行中，在机场活动区和机库内发生航空器损坏，已经或可能造成航空器损失或人员伤亡的各类不安全事件，如航空器地面失火、地面受损、地面相撞、进入非铺筑道路、地面危险品泄漏等。

2）运行危机事件。运行危机事件主要包括不直接危及航空安全，但会造成公司运行效率丧失或降低的各类突发事件。

运行危机事件划分为以下几类：

①航班延误，理论上讲，航班延误本身并不构成一类独立的突发事件。因为运行危机中的各类事件乃至航空安全和旅客服务中的部分事件，均会导致不同程度的航班延误；准确地讲，应该将其视为各种突发事件的后果，或者说次衍生事件，不应单独列出。但是，从航空公司运行角度，处置航班延误，尤其是大面积航班延误，是公司的一项主要运行危机工作，因此，本书把“航班延误”作为一类独立事件列出。

②自然灾害，包括造成一定区域内航空运行效率降低或人员伤亡的各类事件，由于灾害性天气对公司运行影响尤为明显，因此其下分为灾害性天气和其他自然灾害。

③境外局势，是指机场所在国或航路飞经国家政局不稳或处于战争/军事冲突状态，影响到公司在此国家和地区正常运行的情况。

④航线通行能力，是指航线因为受到其他用户活动等事件影响，造成航线通行能力降低或丧失，需要公司调整航班运行的情况。

⑤特殊机场备降，是指航班运行中，因空中遇险等各种原因备降至保障能力较弱或非运规内机场的情况。保障能力较弱机场是指极地航线备降场、ETOPS航线备降场；非运规内机场是指无分子公司、无营业部、无航站、无地面代理的机场。

⑥运行能力降低或丧失，包括造成或可能会造成公司运行能力降低或丧失的各类事

件。根据事件性质和后果，可分为系统性故障、设备与系统故障、网络安全等。

⑦机场保障能力事件，是指公司航班运行机场由于自然灾害、设备故障、事故灾难、社会安全事件、空管保障等原因，造成机场无法提供正常航班运行保障能力的情况。

3）旅客服务事件。旅客服务事件主要包括涉及旅客服务的各类突发事件。

旅客服务事件可划分为机上旅客伤病亡、地面旅客伤病亡、机上扰乱行为、地面扰乱行为等。

①机上旅客伤病亡，是指在民用航空器内，或者是在上下航空器过程中，由于旅客自身或其他原因引发突发伤病且需要及时给予救助的旅客。按照航班阶段，可分为飞行中旅客伤病亡和其他阶段旅客伤病亡。特别注意的是，本事件仅指个别旅客突发伤病，如出现大面积旅客突发伤病，应考虑划入公共卫生事件范畴。

②地面旅客伤病亡，是指在机场航站楼内或贵宾室中，由于旅客自身或其他原因引发突发伤病且需要及时给予救助的旅客。按照旅客突发伤病位置，可分为航站楼非控制区内突发伤病、航站楼控制区内突发伤病、贵宾厅内突发伤病。

③机上扰乱行为，是指在航空器上不遵守规定，或不听从机组成员指示，从而扰乱航空器上良好秩序的行为。主要包括：a. 强占座位、行李架；b. 打架斗殴、寻衅滋事；c. 违规使用手机或其他禁止使用的电子设备；d. 盗窃、故意损坏或者擅自移动救生物品等航空设施设备或强行打开应急舱门；e. 吸烟（含电子香烟）、使用火种；f. 猥亵客舱内人员或性骚扰的；g. 传播淫秽物品及其他非法印制物；h. 妨碍机组成员履行职责；i. 扰乱航空器上秩序的其他行为。

④地面扰乱行为，是指由于各种原因造成的个别或群体性旅客在值机或候机区域不遵守规定，或不听从地面人员指示，从而扰乱值机或候机区域良好秩序的行为。主要包括打骂砸抢、拒绝登机、进港旅客罢机等情况。

4）公共卫生事件。公共卫生事件主要包括航班运行中突发疫情等公共卫生事件。

（2）非航空运行类。非航空运行类是指与航空运行不直接相关，但会造成或者可能造成人员伤病亡、财产损失、影响公司声誉，以及严重危害社会，需要立即采取措施予以应对的突发事件。主要包括非航空运行类的生产安全事故、消防安全事故、自然灾害、公共卫生、恐怖袭击、涉外事件、涉港澳台事件、网络安全事件等。

备注/示例2：应急管理工作体系顶层设计

基于突发事件分析，各单位可根据自身实际情况，以“统一领导、专项管理”为原则，灵活搭建应急管理工作体系的顶层框架。

基本思路是，如果某突发事件应对工作已经有一个强有力的核心部门牵头，且法规要求、管理流程与处置程序等均有高度特异性的应急管理领域，应考虑独立建设该领域的应急管理工作体系，大的工作体系之下可再细分为若干子体系。

当然，不同领域的应急管理工作体系在开展具体活动（如培训、演练等）时，会不可避免地出现交叉和重叠的情况（如机场应急救援体系与机场消防安全应急体系等），那么该工作应满足所涉及所有体系的基本要求。

本书借鉴相关单位实践，给出以下几类民航单位的应急管理工作体系顶层设计框架建议，仅供参考。

1. 空管单位

根据民航局空管局相关文件，基于空管系统突发事件分析，其总体应急管理工作体系由“空管系统应急管理体系建设领导小组”统一领导；领导小组下设安全运行应急管理工作组和突发公共事件应急管理工作组，分别负责安全运行应急管理领域和突发公共事件应急管理领域的应急管理工作体系建设工作；在安全运行应急管理工作组下设有管制、通导、气象和协调处置四个专项工作组，分别承担管制、通导、气象和协调方面的应急管理体系建设的具体工作和任务。

空管单位应急管理工作体系顶层框架如图 2-4 所示。

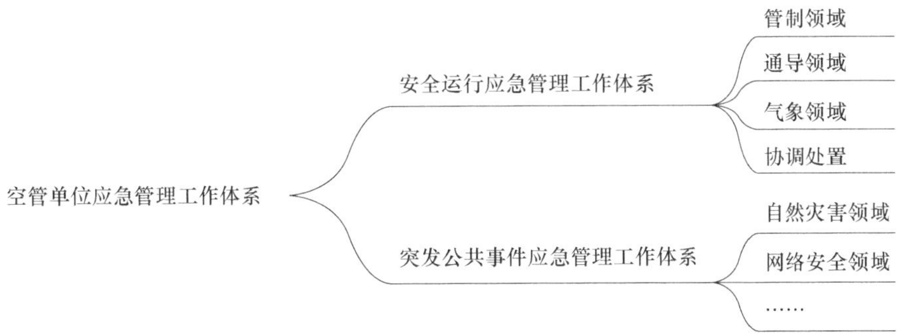

图 2-4　空管单位应急管理工作体系顶层框架

2. 机场

接上文某干线机场，其应急管理工作体系建设基本按照突发事件分类情况，见图 2-5。

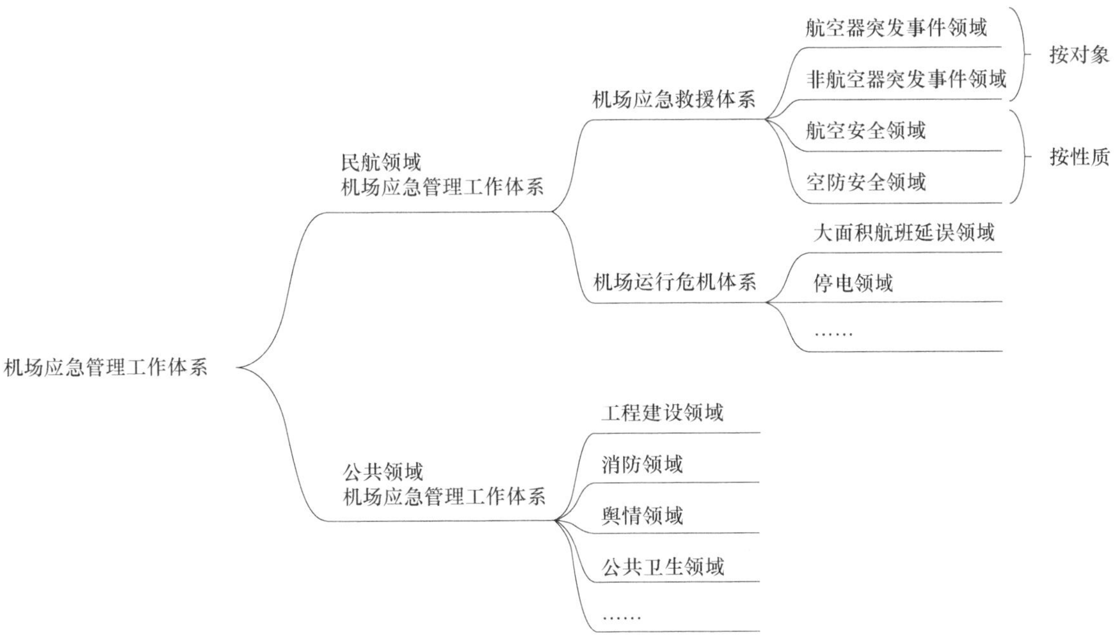

图 2-5　某机场应急管理工作体系顶层框架参考示例

3. 航空公司

接上文某大型航空公司，其应急管理工作体系建设基本按照突发事件分类情况，见图2-6。

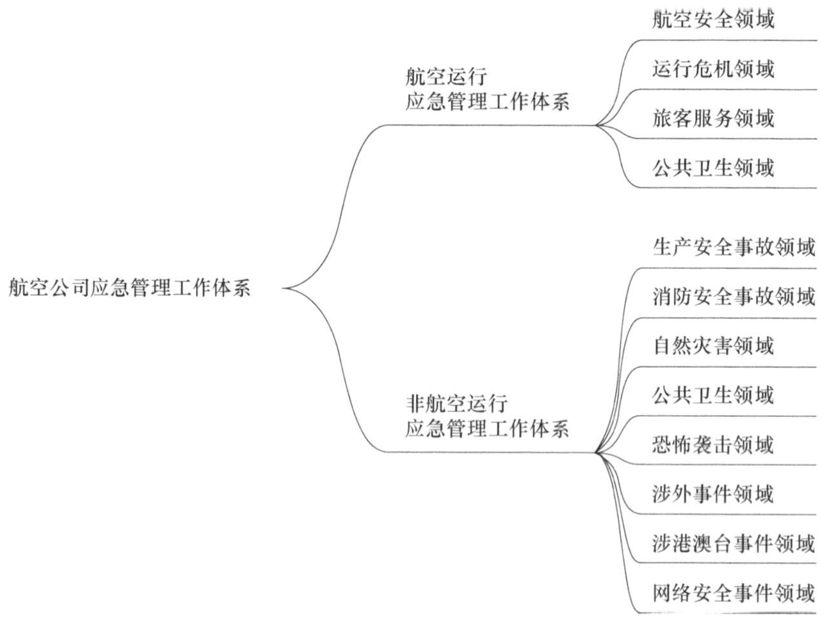

图2-6　某航空公司应急管理工作体系顶层框架参考示例

2.2　民航单位应急管理工作体系建设框架

民航单位在每个具体领域应急管理工作体系建设均可包括5个部分和16个基本要素，代表各个领域应急管理工作体系建设的基本要求。构成应急管理工作体系的5个部分组成了可以持续循环改进的PDCA工作流程，具体见图2-7。

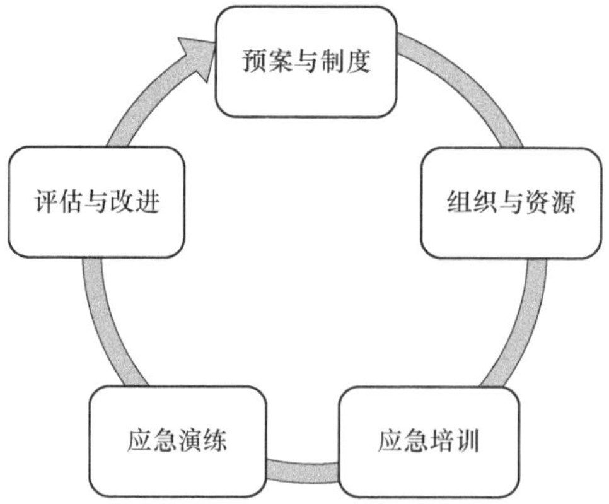

图2-7　持续改进（PDCA）的民航单位各领域应急管理工作体系建设框架

预案与制度是指制订相关规划、预案、工作程序、规章制度以及其他文件。

组织与资源是指在预案或制度化文件的要求下，搭建组织构架，建立所需的符合相关资格或资质证书标准的队伍，配备符合相关标准的设备、工具、系统和物资等。

应急培训是指对相关人员进行所需的，符合相关标准的培训、训练、教育和交流工作。

应急演练是指开展所需的，符合相关标准的各种类型演练，以及对演练效果的评估和改进活动。

评估与改进是指对以上各项应急管理工作的检查、评估和改进工作。

民航单位各领域应急管理工作体系所包含的5个部分和16个基本要素如下：

（1）预案与制度

1）规划计划；

2）规章制度；

3）应急预案。

（2）组织与资源

1）组织管理；

2）资源管理。

（3）应急培训

1）培训对象与需求；

2）培训组织与实施；

3）培训资源与保证。

（4）应急演练

1）演练目的与原则；

2）演练类型与要求；

3）演练组织与实施；

4）演练资源与保证。

（5）评估与改进

1）评估目的与原则；

2）评估类型与要求；

3）持续改进；

4）绩效与奖惩。

民航单位各领域应急管理工作体系建设框架的5个部分和16个基本要素如图2-8所示。

需要注意的是，每个基本要素下根据工作需要，可继续细分为若干二级或三级子要素。

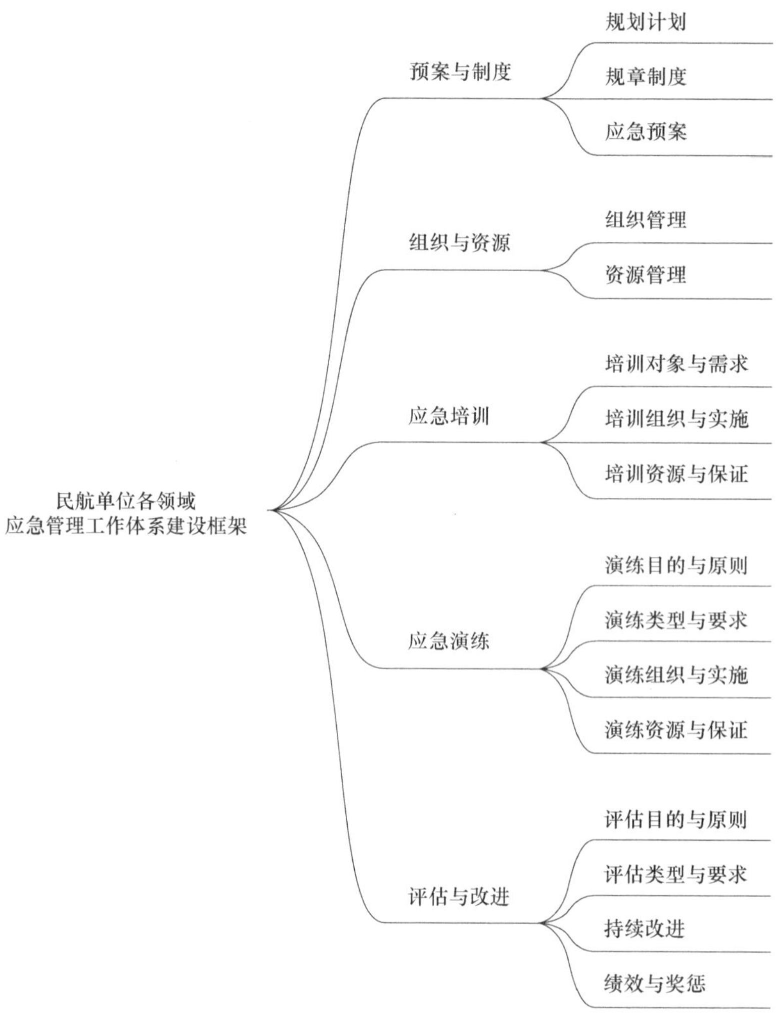

图 2-8　民航单位各领域应急管理工作体系建设框架的 5 个部分和 16 个基本要素

2.3　民航单位应急管理工作体系建设与安全管理体系（SMS）建设的关系

在航空安全相关领域内，应急管理工作体系建设是安全管理体系建设的有机组成部分，是安全管理体系中“安全政策和目标——应急预案的协调”部分内容的细化和落实，也是安全管理体系中其他部分和要素在应急管理工作领域的映射、深化、细化和系统化运作。

备注/示例：机场应急管理工作体系与安全管理体系的关系

由于各类民航单位安全管理体系建设大体一致但略有不同，本书以机场安全管理体系建设为例进行说明，主要依据为《运输机场安全管理体系（SMS）建设指南》（AC-139/140-CA-2019-3）等规范性文件。

机场安全管理体系组成部分及基本要素见表 2-1。

表 2-1 机场安全管理体系组成部分及基本要素

组成部分	基本要素	指南中进一步的细分
安全政策和目标	安全管理承诺与责任	安全政策
		安全目标
	安全责任制	机场管理机构主要负责人
		负责运行安全的领导
		其他领导
		机场安全管理委员会
		机场安全生产委员会
		安全管理部门
		运行管理和保障部门
		职能部门
		科室、班组
		员工
		合约方
	任命关键的安全人员	—
	应急预案的协调	目的
		突发事件类型
		应急处置内容
		应急处置制度与预案
	安全管理体系文件	要求
		文件组成
安全风险管理	危险源识别	要求
		数据资源
		具体内容
		启动时机
		方法
	安全风险评估与缓解措施	要求
		实施方法
安全保证	安全绩效监测与评估	安全信息管理
		安全绩效监测与评估的要求
	变更管理	—
	持续改进	—
安全促进	培训与教育	—
	安全交流	—

注：引自《运输机场安全管理体系（SMS）建设指南》（AC-139/140-CA-2019-3）。

机场应急管理工作体系与安全管理体系基本要素的主要对应关系见表2-2。

表2-2 机场应急管理工作体系与安全管理体系基本要素的主要对应关系

<table>
<tr><th colspan="2">应急管理工作体系</th><th colspan="3">安全管理体系</th></tr>
<tr><th>组成部分</th><th>基本要素</th><th>组成部分</th><th>基本要素</th><th>细分</th></tr>
<tr><td rowspan="6">预案与制度</td><td rowspan="2">规划计划</td><td rowspan="2">安全政策与目标</td><td>安全管理承诺与责任</td><td>安全政策；
安全目标</td></tr>
<tr><td colspan="2">应急预案的协调</td></tr>
<tr><td rowspan="2">规章制度</td><td rowspan="2">安全政策与目标</td><td>应急预案的协调</td><td>应急处置制度与预案</td></tr>
<tr><td colspan="2">安全管理体系文件</td></tr>
<tr><td rowspan="2">应急预案</td><td>安全政策与目标</td><td colspan="2">应急预案的协调</td></tr>
<tr><td colspan="3">安全风险管理</td></tr>
<tr><td rowspan="3">组织与资源</td><td rowspan="2">组织管理</td><td rowspan="2">安全政策与目标</td><td colspan="2">安全责任制</td></tr>
<tr><td colspan="2">任命关键的安全人员</td></tr>
<tr><td>资源管理</td><td>安全政策与目标</td><td>应急预案的协调</td><td>应急处置制度与预案</td></tr>
<tr><td rowspan="3">应急培训</td><td rowspan="3">培训对象与需求；
培训组织与实施；
培训资源与保证</td><td>安全政策与目标</td><td>应急预案的协调</td><td>应急处置制度与预案</td></tr>
<tr><td rowspan="2">安全促进</td><td colspan="2">培训与教育</td></tr>
<tr><td colspan="2">安全交流</td></tr>
<tr><td rowspan="2">应急演练</td><td rowspan="2">演练目的与原则；
演练类型与要求；
演练组织与实施；
演练资源与保证</td><td>安全政策与目标</td><td>应急预案的协调</td><td>应急处置制度与预案</td></tr>
<tr><td>安全保证</td><td colspan="2">持续改进</td></tr>
<tr><td rowspan="4">评估与改进</td><td rowspan="4">评估目的与原则；
评估类型与要求；
持续改进；
绩效与奖惩</td><td>安全政策与目标</td><td colspan="2">应急预案的协调</td></tr>
<tr><td rowspan="3">安全保证</td><td colspan="2">安全绩效监测与评估</td></tr>
<tr><td colspan="2">变更管理</td></tr>
<tr><td colspan="2">持续改进</td></tr>
</table>

3 预案与制度

预案与制度是指制定相关规划、预案、工作程序、规章制度以及其他文件。

预案与制度建设包括规划计划、规章制度、应急预案 3 个基本要素，其下又细分为若干子要素，具体见图 3-1。

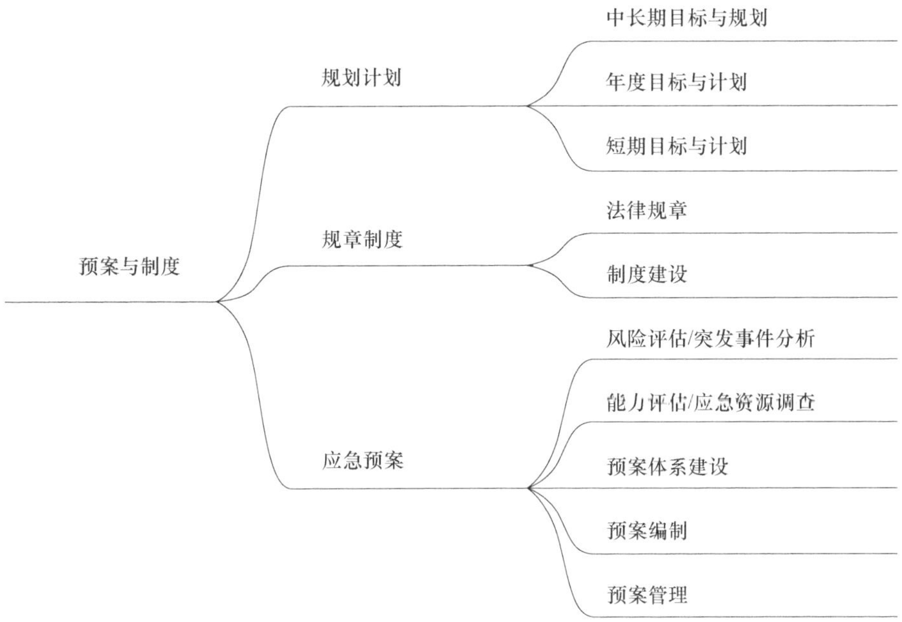

图 3-1 “预案与制度”部分要素概览

3.1 规划计划

规划计划概述了民航单位各领域应急管理工作体系建设实现的预期目标、实施路径及保障措施，明确民航单位在该领域应急管理工作的努力方向，为评估考核提供依据，有助于完善应急管理的体制机制，调动全体员工的积极性，展示民航单位开展应急管理工作的坚定决心和举措。

规划计划根据期限长短，分为中长期目标与规划、年度目标与计划、短期目标与计划三项建设内容。

此外，为形成闭环管理，在规划计划尤其是中长期规划与年度计划执行完毕后，民航单位应编写工作总结，全面总结评估规划、计划的执行情况。

3.1.1 中长期目标与规划

民航单位应当制定本领域应急管理工作体系建设的中长期建设目标与规划（3 年以上），规划内容应至少包含以下要素：

（1）中长期建设总体目标和重点工作；

（2）预案和制度建设，主要包括中长期应急预案体系建设目标、预案编修规划、中长期制度建设目标及规划等；

（3）组织与资源，主要包括中长期应急管理组织机构建设目标及规划，应急管理人员或队伍的建设目标及规划，资金、设备、系统、物资等保障工作的建设目标及规划；

（4）应急培训，主要包括中长期应急培训工作的建设目标、培训制度建设、培训经费、培训重点、培训人数、培训频次等；

（5）应急演练，主要包括中长期应急演练工作的建设目标、演练制度建设、演练经费、演练重点科目、演练频次等；

（6）评估与改进，主要包括中长期应急评估/考核工作的建设目标，评估/考核的制度建设、评估/考核的重点工作、评估/考核的开展形式和频次等。

民航单位应在满足以上要求的基础上，根据自身实际，单独制定中长期规划或在相关规划文件（如五年发展规划）中体现相关内容。

根据实际情况，民航单位可以合并制定若干领域的应急管理工作体系建设中长期目标和规划。

建议/示例：

民航单位应单独编制中长期规划，并尽可能细化、量化相关建设目标和实施措施。

图 3-2 是某机场编制的应急管理（2022~2035）规划目录。

图 3-2 某机场编制的应急管理（2022~2035）规划目录

图 3-3 是某空管单位在单位“十四五”发展和建设规划中体现的应急管理工作内容节选。

> **（八）提升空管应急保障能力**
>
> 1. 优化完善应急管理体系
>
> 依托现有应急管理体系架构，继续加深和优化应急管理体系建设，修订和健全总体应急预案和各类专项应急预案，建立健全与应急预案配套的应急检查单，提升现场处置方案和应急检查单的使用性，探索应急预案现场处置手册编制方案，逐步形成职责明晰、快速响应、组织有序的应急保障网。开展制度化、多形式的应急预案演练，推进演练向实战化、常态化转变。

图 3-3 某空管单位在单位“十四五”发展和建设规划中体现的应急管理工作内容节选

3.1.2 年度目标与计划

民航单位应当制定本领域应急管理工作体系建设的年度工作目标与计划，计划内容应至少包含以下要素：

（1）年度工作总体目标与重点工作；

（2）预案和制度建设，主要包括年度预案体系建设及编修计划、年度制度建设计划等；

（3）组织与资源，主要包括年度应急管理组织体制建设目标及计划，资金、设备、系统、物资等保障工作的年度计划；

（4）应急培训，主要包括年度应急培训工作目标和重点、培训经费、培训内容、培训人数、培训频次等；

（5）应急演练，主要包括年度应急演练工作目标和重点、演练经费、演练科目、演练频次等；

（6）评估与改进，主要包括年度评估/考核的重点内容、评估/考核的开展形式和频次等。

民航单位应在满足以上要求的基础上，根据自身工作实际，增补完善相关内容，单独制定年度计划。

根据实际情况，民航单位可以合并制定若干领域的应急管理工作年度目标与计划。

建议/示例：

民航单位可在年度计划下，制定预案编修、应急培训、应急演练、评估等具体工作计划，细化、量化相关应急管理工作。

图 3-4 是某空管单位 2022 年安全运行应急管理工作计划目录与部分内容节选。

一、安全运行应急工作总体目标与重点工作

二、应急教育培训计划

三、应急演练

（一）空管站应急演练计划

（二）管制部应急演练计划

（三）技保部应急演练计划

（四）气象台应急演练计划

四、评估与改进

一、安全运行应急工作总体目标与重点工作

2022年我单位应急管理工作的总体目标是优化应急管理体系，提高管制业务连续性保障能力，提升应急处置能力。主要包括3个方面重点工作，一是强化基础工作，加强应急管理宣教，做强应急管理队伍建设，通过组织各类培训，强化运行人员应急能力；二是常态化开展应急演练，通过演练不断修订应急预案，健全各类应急预案和检查单提升现场处置方案和应急检查单的实用性；三是增加备用自动化系统的使用，在备用自动化系统功能升级完善的基础上，对全体管制员开展培训和考核，逐步实现主备自动化系统1:1常态化运行。

图3-4 某空管单位2022年安全运行应急管理工作计划目录与部分内容节选

3.1.3 短期目标与计划

民航单位在年度目标与计划之下，可根据实际工作需要，制定各类短期工作目标与计划，以分内容、分步骤地落实和实现各项具体应急管理工作。

3.2 规章制度

规章制度概述了民航单位在各领域应急管理工作体系建设中关于规章制度方面建设的要求、目标、内容和方法，为民航单位建立健全该领域应急管理方面的制度化建设提供规范和指导。

规章制度分为法律规章和制度建设两项建设内容，具体见图3-5。

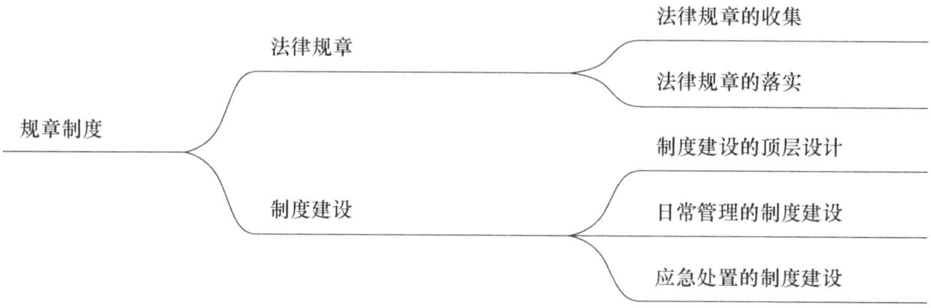

图3-5 “规章制度”部分要素概览

3.2.1 法律规章

法律规章是指民航单位收集、整理、汇编、落实与本领域有关的应急管理法律、法规、规章、标准及相关规范性文件的工作。

3.2.1.1 法律规章的收集

法律规章的收集是指民航单位收集、整理、汇编与本领域有关的应急管理法律、法规、规章、标准及相关规范性文件。

建议：

民航单位应建立各领域应急管理法律规章文件汇编或文件库，有条件的单位应该实现文件库的信息化管理、存储和调阅。

示例1：

以“机场应急救援体系”为例，某机场编制了相关法律规章文件汇编，其目录节选如图3-6所示。

图3-6 某机场编制的法律规章文件汇编目录节选

示例2：

某机场在机场应急管理信息系统中开发了“应急知识库”模块，如图3-7所示，其中以法律规章（包括法律、行政法规、民航规章、民航规范性文件与政策文件、部门规章及政策文件、地方性法规与政策文件）、国际条约（包括国际民航公约及附件、其他国际条约或附件）、标准规范（包括国家标准、民航行业标准、其他标准）、应急预案（包括国家预案、民航行业应急预案、地方性应急预案、上级单位应急预案）类别，整理录入了文件，供机场人员使用和查阅。

备注：

民航单位所需要了解的重要应急管理法律规章的基本情况见“附件1 部分民航相关应急管理法律规章导读”。

3.2.1.2 法律规章的落实

法律规章的落实是指民航单位针对收集到的法律、法规、规章、标准及相关规范性文件，及时制定落实措施，开展培训宣贯、自查自检、预案修订等落实工作。

图 3-7 某机场应急管理信息系统中的“应急知识库”模块

备注：

法定自查工作中包含了有关应急管理法律规章落实方面的检查项。

表 3-1 是某机场法定自查表格节选。

表 3-1 某机场法定自查表格节选

检查事项			来源	检查标准		检查依据	
业务名称	检查项目	检查内容		法定检查标准	内部检查标准	法定检查依据	内部检查依据
应急管理	应急管理体制与组织机构	统一领导机构	（1）民航监管事项清单-运控中心，SID-91001；（2）《机场使用手册》第 18 章 4 节；（3）各单位应急管理制度、综合应急预案	（1）本单位有应急工作领导机构；（2）该机构的最高领导有统筹本单位应急工作的足够权利；（3）该机构包括了本单位以及相关单位的所有应急力量；（4）该机构开展了职责要求的日常及应急工作	（1）机场应急救援预案中明确应急救援领导小组组成；（2）机场应急救援预案中明确应急救援领导小组是机场应急救援工作的最高决策机构，全面负责机场应急救援工作的组织指挥；（3）机场应急救援领导小组成员包括股份公司、管理局、空管局、主要基地航空公司、公安分局等单位；（4）机场应急救援预案中明确领导小组各成员工作职责，并根据职责要求开展日常工作	《中国民用航空应急管理规定》第五条：民航应急工作建立统一领导、综合协调、分类管理、分级负责的管理体制	（1）《机场使用手册》第 18 章 4 节；（2）各单位应急管理制度、综合应急预案

3.2.2 制度建设

制度建设是指民航单位在“法律规章”工作的基础上，根据自身运行实际，制定该领域符合相关法律规章要求的各类制度化文件，以建立健全该领域的应急管理制度化建设。

需要注意的是，制度建设是应急预案体系建设的基础和前置条件，制度性文件是应急预案的上位文件，应急预案本身不创造制度，而是制度的细化和执行。

应急预案侧重于执行，其间会引用制度性文件的相关内容，如组织机构与职责、信息报告等部分；制度性文件侧重于管理，因此涉及预案管理的内容，如培训、演练、考核、评估、奖惩等均应在制度性文件体现。如应急预案中的应急保障内容侧重如何利用现有资源保障应急处置工作，制度性文件中的应急保障内容侧重于日常如何管理和建设符合应急处置需求的各项资源。

3.2.2.1 制度建设的顶层设计

基于“统一领导、分类管理”的应急管理工作基本原则，应急管理制度建设也应遵循“统一领导、分类管理”的基本原则和指导，针对各类突发事件，民航单位可在顶层制定一个统一的应急管理办法、规定或控制程序，统筹规范各类突发事件应急管理工作的总体组织和实施；然后，针对具体的突发事件应急管理领域制定针对性的制度性管理文件（该文件也可蕴含在相关领域其他制度性文件中）；最后，在具体突发事件应急管理领域的总体制度性文件安排下，根据实际工作需要，针对特定突发事件或应急管理活动，以通知、指南、大纲、意见、导则、办法、规定等形式灵活制定所需的制度化文件。

建议：

以“机场应急管理工作体系”为例，目前制定了“应急管理办法/规定”的机场，本质上还是航空安全、应急救援方面的管理为主，对其他领域，如运行危机、公共卫生、网络安全等覆盖不全，“名不副实”，容易引起歧义；建议可制定《机场应急管理规定》规范总体应急管理工作体系建设工作；继而在其规范和指导下制定《机场应急救援管理办法》《机场运行危机应急管理办法》《机场突发公共卫生事件应急管理办法》《机场网络安全管理办法》等；最后，在应急救援管理领域，制定或明确预案管理、演练管理、物资管理、信息报告、应急值守等制度化文件或内容。

航空公司与机场情况类似。

空管系统应急管理制度顶层设计更为科学，在民航局空管局层面成立了领导小组负责统一领导，然后设立了突发公共事件应急管理工作组合安全运行应急管理工作组，分别负责制定《突发公共卫生事件应急管理规定》和《空管系统安全运行应急管理规定》（见图3-8）。

3.2.2.2 日常管理的制度建设

在“制度建设的顶层设计”的基础上，针对具体突发事件应急管理领域，民航单位一般应对以下日常应急管理工作开展制度化建设工作：

（1）风险评估；

（2）应急管理组织机构及职责；

（3）应急预案体系建设、编制及管理；

（4）应急设施、设备、系统、物资、队伍、案例、知识、专家等应急资源的管理；

民航局空中交通管理局文件

民航空局发〔2020〕63号

关于印发空管系统安全运行
应急管理规定的通知

各地区空管局：

为建立健全空管系统安全运行应急管理体系，促进空管系统持续安全与稳定发展，民航局空管局编制了《空管系统安全运行应急管理规定》（AP-397-ATMB-2020-002），并于2020年8月6日经局长办公会审议通过，现印发给你们，请认真组织学习，抓好落实工作。

图 3-8　空管系统安全运行应急管理规定

（5）应急培训；

（6）应急演练；

（7）评估与改进；

（8）各类应急管理相关的协议、文件；

（9）应急值守；

（10）应急保障。

针对以上工作，民航单位可以制定一个制度性文件，统一规范相关内容和要求；也可根据实际工作需要，针对特定的应急管理活动或工作，以通知、指南、大纲、意见、导则、办法、规定等形式灵活制定所需的制度化文件。

应急培训、应急演练、评估与改进的制度化建设要求参见后续章节相关内容。

示例：

机场方面，以“机场应急救援体系”为例，广州白云国际机场、上海浦东国际机场、青岛胶东国际机场、昆明长水国际机场、黑龙江机场管理集团等均制定了“应急管理规定或办法”统一规范相关日常管理工作；部分机场在其下又制定了“值班管理/应急值守办法”等制定性文件。

以某大型枢纽机场为例，其制定了《××国际机场应急管理办法》，分为十一章六十五条，目录框架见表 3-2。

表 3-2　《××国际机场应急管理办法》目录框架

章	条
第一章　总则	第一条　编制目的 第二条　适用范围 第三条　总体要求 第四条　应急规划

续表 3-2

章	条
第二章　管理体制与组织机构	第五条　管理体制与主体责任 第六条　应急救援工作领导小组 第七条　应急管理委员会 第八条　应急救援指挥中心/应急管理办公室 第九条　应急专家库 第十条　各应急救援保障单位职责 第十一条　外包业务应急管理要求
第三章　应急预案	第十二条　预案体系 第十三条　预案层级 第十四条　预案类型 第十五条　机场级预案建设要求 第十六条　各单位预案建设要求 第十七条　预案修订 第十八条　预案备案
第四章　应急培训	第十九条　应急培训总体要求 第二十条　应急培训计划 第二十一条　应急培训形式 第二十二条　应急培训要求 第二十三条　实操训练要求
第五章　应急演练	第二十四条　应急演练要求 第二十五条　应急演练计划 第二十六条　应急演练类型 第二十七条　应急演练频次 第二十八条　应急演练方案 第二十九条　应急演练总结 第三十条　应急演练实施注意事项 第三十一条　应急演练台账记录
第六章　应急队伍	第三十二条　队伍建设总体要求 第三十三条　应急管理机构 第三十四条　应急值守机构 第三十五条　应急救援队伍 第三十六条　特殊应急处置力量 第三十七条　外部救援力量联动

续表 3-2

章	条
第七章　应急物资与设备	第三十八条　总体要求 第三十九条　指挥与值守设备配备 第四十条　应急无线电专用频道 第四十一条　消防、救护物资与设备配备 第四十二条　危险品处置及重点单位、场所设备配备 第四十三条　旅客保障物资与设备配备 第四十四条　家属援助资源配备 第四十五条　残损航空器搬移物资与设备配备
第八章　监测与响应	第四十六条　信息监测 第四十七条　预警信息 第四十八条　响应措施 第四十九条　预警解除
第九章　处置与救援	第五十条　总体要求 第五十一条　信息报告 第五十二条　先期处置 第五十三条　响应启动 第五十四条　应急指挥体系 第五十五条　处置措施 第五十六条　现场保护 第五十七条　信息发布 第五十八条　响应终止
第十章　善后处置	第五十九条　善后处置 第六十条　事件复盘 第六十一条　总结评估
第十一章　附则	第六十二条　其他事项 第六十三条　检查监督 第六十四条　名词解释 第六十五条　文件管理

航空公司方面，东航制定了《中国东方航空集团有限公司安全生产管理办法》，该办法规范了安全生产领域的应急管理相关内容。

空管系统方面，一部分空管单位参照民航局空管局，分别制定了安全运行和突发公共事件两个领域的管理制度，如新疆空管局等；一部分空管单位制定了一个应急管理程序，统筹管理安全运行和突发公共事件两个领域，如青岛空管站等。部分空管单位，如青岛空管站还在应急管理程序之下，针对应急预案和应急演练制定了《应急预案管理规定》和《应急演练管理规定》。

3.2.2.3 应急处置的制度建设

在“制度建设的顶层设计”的基础上，在具体突发事件应急管理领域，民航单位可针对监测预警、信息报告、应急指挥、其他重要处置活动或措施（如应急救援中的集结待命、快速通行、民航单位临时关闭等）开展制度化建设工作。

针对以上工作，民航单位可以制定一个制度性文件，统一规范相关内容和要求；也可根据实际工作需要，针对特定的应急管理活动或工作，以通知、指南、大纲、意见、导则、办法、规定、细则等形式灵活制定所需的制度化文件，这些文件的内容是应急预案编制的重要依据和内容来源。

需要注意的是，如该处置活动已经在相关预案中得到明确和全面的描述，民航单位可根据实际情况，不再单独制定相关制度性文件；如已经制定了制度化文件，可视情废止，避免文件管理出现混乱。

建议：

实践中，大部分民航单位均将应急处置中的相关制度化要求融入了上文提到的“应急管理规定或办法”之中，如《××国际机场应急管理办法》中的“第八章　监测与响应”“第九章　处置与救援”和“第十章　善后处置”。

在此基础上，为了更好地规范重要处置活动，建议有条件的民航单位在“应急管理规定或办法”之下，单独制定相关制度化文件，如西南管理局制定的《民航西南地区突发事件应急信息报送办法》、浦东机场制定的《浦东机场应急救援四方联动电话使用细则》、白云机场制定的《新冠肺炎疫情防控期间处置突发事件防护工作方案》、青岛机场制定的《突发事件应急指挥工作实施细则》、东航制定的《旅客人身伤害理赔处理标准》等。

3.3 应急预案

应急预案概述了民航单位在各领域应急管理工作体系建设中关于应急预案体系建设的要求、目标、类型、程序和方法，为民航单位建立健全该领域的应急预案体系提供规范和指导。

应急预案分为风险评估/突发事件分析、能力评估/应急资源调查、预案体系建设、预案编制、预案管理五项建设内容，具体见图 3-9。

3.3.1 风险评估/突发事件分析

风险评估/突发事件分析是指民航单位针对本领域突发事件特点，识别事件危害因素，分析事件可能产生的直接后果以及次生、衍生后果，评估各种后果的危害程度。

风险评估/突发事件分析的工作重点是识别风险所可能引发的突发事件及其后果，并对突发事件进行分类分级，明确管理单位，以更好地指导应急预案体系建设及其他应急管理工作。

备注 1：突发事件分类示例

突发事件分类示例可参见“2.1 民航单位应急管理工作体系的顶层设计”中的“备注/示例 1：突发事件分类”。

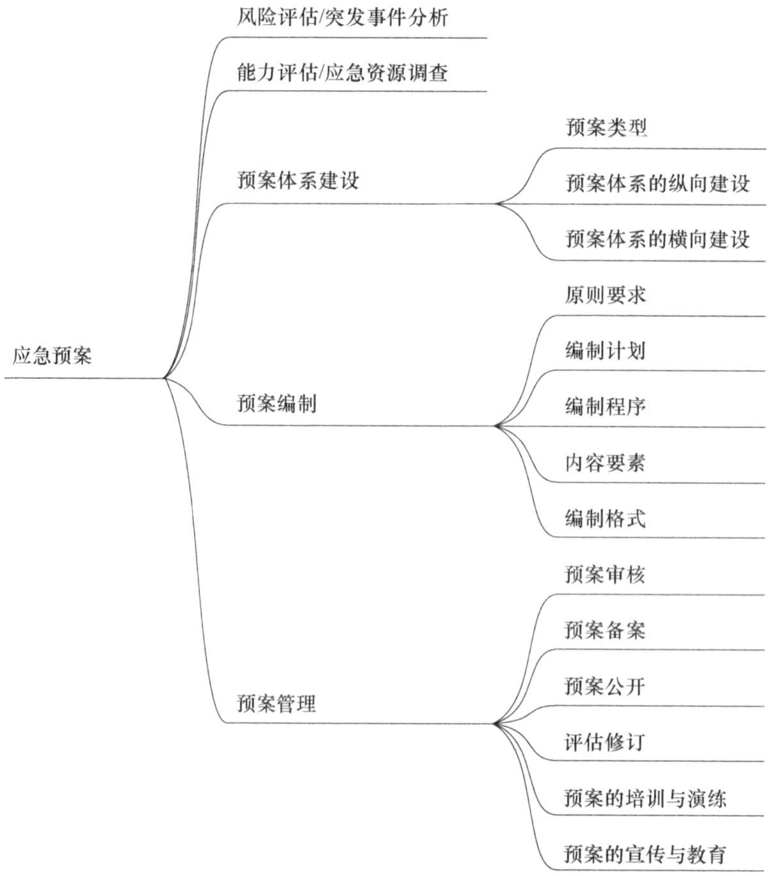

图 3-9 “应急预案”部分要素概览

备注 2：风险与突发事件

近年来，地方政府应急管理工作已经呈现出明显的“关口前移”趋势。预防工作，即控制与防止突发事件发生，已经成为应急管理的主要活动。相应的，作为预防的核心活动——“风险管理”，也成为了应急管理的核心内容之一。由此，很多专家学者都认为“风险”（如危险源、安全隐患等）是应急管理的基本出发点，预防是应急管理的重点环节；谈应急管理必从风险谈起，从预防谈起。

虽然在地方政府方面，这种做法和趋势是有道理的，但是，这种趋势映射到民航领域，就出现了偏差。主要原因在于，民航单位都有专职的机构和部门（即安全管理部门）专门负责风险管理及预防工作，他们的所有工作都是围绕“风险”开展的，工作目的就是防止和控制事故的发生和严重程度。

如果民航应急管理工作继续以“风险”（如危险源、安全隐患等）为起点，以预防为重点环节，就难以避免与安全管理部门出现职责交叉、不明和矛盾，这就要求民航应急管理工作必须寻找另一个基本出发点。

本书认为，“突发事件”就是民航应急管理工作的基本出发点，原因有三：

第一，在事故灾难方面，“风险”（如危险源、安全隐患等）是突发事件的重要源头。安全管理部门负责如何通过风险管理控制危险源，避免事故的发生；而应急管理则是以风险管理为基础，透过“风险”，寻找其可能导致的事故，以此为基点做好准备与处置工作。

第二，在自然灾害、公共卫生和社会安全方面，民航领域基本是被动的承灾体，除了安保活动外，很难在预防领域有重大作为，因此，在这些领域，民航应急管理工作的基本出发点仍是各类“突发事件”，并以此为基点做好准备与处置工作。

第三，选择突发事件作为民航应急管理工作的基本出发点，可以使民航单位在进行预案建设、应急演练、应急培训、资源管理等应急管理活动时，绕开纷繁复杂的风险来源，直接将焦点锁定在造成后果的突发事件上，能够缩短各单位应急管理流程，提高应急管理工作的针对性和实效性。

备注 3：突发事件分析的方法

安全管理体系（SMS）提供了风险矩阵这一分析方法，供民航单位对危险源进行风险评估与管理，见表 3-3。

表 3-3 风险矩阵

风险概率	风险严重性				
	灾难性的 A	危险的 B	重大的 C	较小的 D	可忽略不计的 E
频繁的 5	5A	5B	5C	5D	5E
偶然的 4	4A	4B	4C	4D	4E
少有的 3	3A	3B	3C	3D	3E
不大可能的 2	2A	2B	2C	2D	2E
最不可能的 1	1A	1B	1C	1D	1E

根据风险评估，安全管理体系（SMS）又提供了可容忍标准与建议措施，见表 3-4。

表 3-4 风险可容忍标准及建议措施

风险指数范围	描　述	建议措施
5A，5B，5C，4A，4B，3A	高风险	如有必要，立即停止或减少操作或运行，实施优先的风险缓解措施，确保额外或增强的预防控制措施到位，使风险指数降低至中度或低度的范围
5D，5E，4C，4D，4E，3B，3C，3D，2A，2B，2C，1A	中度风险	如可行，安排采取安全评估措施，使风险指数降低至低度范围
3E，2D，2E，1B，1C，1D，1E	低度风险	风险可接受，无须进一步采取风险缓解措施

目前，民航单位通常采用该方法进行危险源的风险分析和管理工作，并且行之有效。但是，在应急管理领域，并没有类似成型的方法指导各单位进行突发事件分析工作，

因此，很自然的，很多民航应急管理从业者希望能采取“风险矩阵”方式来分析突发事件。那么，这种方法能否直接应用到突发事件分析领域呢?

本书认为，原生的“风险矩阵”方法不太适合民航突发事件分析，主要原因在于，风险矩阵的出发点是危险源，目的是通过风险管理，控制危险源，避免事故发生；而民航应急管理的出发点是突发事件，目的是通过突发事件分析，更有效地准备和处置突发事件。

比如说，“1B”事件，几乎不可能发生但是危害度很高，通过风险矩阵分析，等级为“低度风险”，风险可接受，无须采取进一步缓解措施；但是，在应急管理中，此类事件却是万万不能容忍和接受的，必须采取编制预案、应急演练等活动予以准备。

还有，“5E”和“1A”事件，在风险矩阵中都属于“中度风险”，但是在应急管理中，则需要采取完全不同的措施。针对“5E”事件，要马上进行处置或准备处置；针对“1A”事件，则主要进行应急准备工作，并不需要准备处置。

因此，我们需要对“风险矩阵”进行改造，以适应民航应急管理的需求。首先，本书解释下“威胁”的概念。威胁，对应于风险，主要用来测度突发事件的发生可能性与严重度。即：

$$\text{突发事件威胁} = f(\text{可能性，严重度})$$

之所以引入“威胁”这一概念，主要是因为“危险源”一般使用在事故灾难（安全生产）领域；传统上，自然灾害、公共卫生与社会安全领域不经常使用该名称，因此，在突发事件应急管理领域，使用“威胁”可以更加全面地分析所有类别的突发事件。

本书参考 FEMA（美国联邦应急管理署）的相关做法和文件，以“风险矩阵”为基础，改造提出适应于民航应急管理工作的“突发事件十字分析法”，见图 3-10 与表 3-5。

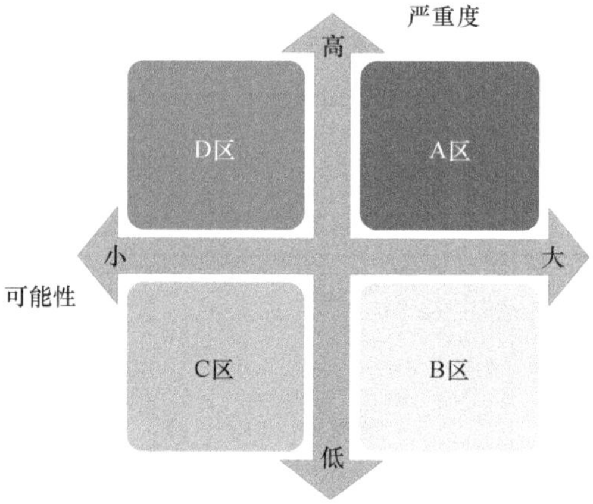

图 3-10　突发事件十字分析

A 区（第一象限）突发事件，发生可能性大、严重度高，属于民航单位需要高度重视和关注的突发事件，必须及时采取措施控制、缓解突发事件带来的威胁，并开展预警发布、集结待命等处置准备措施或马上进行处置。此类事件，本书称之为常规重大突发事件，典型特点是发生具有一定的规律性，基本能预测事件的发生概率、危害程度和演变趋势，并能对民航单位的安全和运行产生较大影响。典型民航突发事件，例如重大灾害性天气（台风、暴雨、强雷暴等）、高等级的大面积航班延误等。

B 区（第二象限）突发事件，发生可能性大、严重度低，即民航单位在日常运行中经常出现的各类事件，本书称之为常规突发事件。典型民航突发事件，例如航空器一般故障、机上旅客生病、飞机受鸟击、低等级的航班延误等。针对此类事件，民航单位一定要重视一线从业人员的日常培训与演练工作，并使其随时做好处置准备。

C 区（第三象限）突发事件，发生可能性小、严重度低，对民航单位的威胁度最低。本书称之为可容忍突发事件，民航单位可以不针对此类事件采取措施。

D 区（第四象限）突发事件，发生可能性小、严重度高，也是民航单位需要高度重视和关注的突发事件。此类事件的典型特点是小概率或无法测算概率，性质、领域、程度等难于预测，并能对民航单位造成巨大冲击和破坏的事件。典型民航突发事件，例如航空器失事、机场受恐怖袭击等。针对此类事件，民航单位一定要高度重视应急管理准备活动，在平时做好预案、演练、培训、队伍建设等一系列工作，力争在事件发生后，最大程度地降低对组织造成的冲击和损失。

表 3-5 突发事件十字分析表

区域	突发事件特点	典型事件	建议措施	对应风险指数
A 区	具有一定的规律性，基本能预测事件的发生概率、危害程度和演变趋势，并能对民航单位的安全和运行产生较大影响	重大灾害性天气（台风、暴雨、强雷暴等）、高等级的大面积航班延误	立即开展预警、集结等处置准备措施或立即进行处置； 在日常要从全单位层面经常性地完善应急预案，频繁地开展应急演练与培训活动	5A，5B，5C，4A，4B，3A
B 区	日常运行中经常出现的各类事件	机上旅客生病、飞机受鸟击、低等级的航班延误	重视一线从业人员的日常培训与演练工作，并使其随时做好处置准备	5D，5E，4C，4D，4E，3B，3C，3D
C 区	可容忍突发事件		仅需在发生时，进行处置即可；日常可不采取针对性措施。	3E，2D，2E，1D，1E
D 区	小概率或无法测算概率，性质、领域、程度等难于预测，并能对民航单位造成巨大冲击和破坏的事件	航空器失事、机场受恐怖袭击	从全局层面高度重视应急管理准备活动，在平时做好预案、演练、培训、队伍建设等一系列工作，力争在事件发生后，最大程度地降低对组织造成的冲击和损失	1A，1B，1C，2A，2B，2C

需要指出的是，"突发事件十字分析法"与"风险矩阵"可以实现无缝对接。这样，就便于民航单位在实际工作中，协调联动安全管理与应急管理工作，形成针对"风险——

突发事件”的连续管理过程。

比如，某机场不停航施工时，部分车辆需要穿越跑道。经过风险评估，风险指数为“1A”，需要采取措施降低风险等级，如严格车辆引导、安排航班少的时刻等。同时，该危险可能导致诸如航空器与车辆相撞、车辆故障占用跑道等事件，拿“车辆故障占用跑道”为例，按照突发事件十字分析，处于D区，这就要求机场在进行各种风险缓解措施的同时，要编制或完善相关预案，并进行针对性的应急培训和应急演练。

最后，需要强调的是，“突发事件十字分析法”的研究仅处于起步阶段，很多问题还来不及思考与解决。在本书中，仅是将此方法介绍给读者，笔者会继续进行研究，不断完善和推广本方法，为民航单位开展应急管理活动提供科学的工具与方法支撑。

3.3.2 能力评估/应急资源调查

能力评估/应急资源调查是指民航单位针对本领域突发事件应对需要，全面调查第一时间可调用的应急队伍、装备、物资，以及可请求援助的应急资源状况，深入分析应对各类突发事件能力，为制定应急响应措施提供依据。

备注：

“能力评估”是《民航应急预案管理办法》中的要求，“应急资源调查”是《生产经营单位生产安全事故应急预案编制导则》（GB/T 29639—2020）中的要求。本书认为在实务中可以将“应急资源调查”替代“能力评估”或作为“能力评估”的一部分工作开展。

以民航单位应急救援管理体系为例，其“能力评估/应急资源调查”工作包括但不限于：

（1）本单位可调用的应急队伍、装备、物资、场所；

（2）针对生产过程及存在的风险可采取的监测、监控、报警手段；

（3）上级单位、当地政府及周边企业可提供的应急资源；

（4）可协调使用的医疗、消防、专业抢险救援机构及其他社会化应急救援力量。

示例：某机场应急救援应急资源调查/能力评估报告（节选）

本报告的目的是全面调查机场第一时间可以调用的应急资源状况和合作区域内可以请求援助的应急资源状况，并结合事故风险评估结论制定应急措施的过程。根据《民用运输机场突发事件应急救援管理规则》（CCAR-139-Ⅱ-R1）等规章要求，机场应急救援资源调查包括以下几大类：

1. 机场主要应急救援保障单位应急资源调查

1.1 应急救援指挥中心

救援指挥中心设备配备表

序号	设备名称	型号	数量	存放位置	使用单位	管理单位	备注
1	旗帜		2	指挥中心	指挥中心	指挥中心	
2	制服		8	指挥中心	指挥中心	指挥中心	
3	头盔		4	指挥中心	指挥中心	指挥中心	
	……	……					

1.2 机场消防

机场消防应急救援设备配备表

序号	设备名称	型 号	数 量	使用单位	管理单位	备 注
1	重型泡沫车	水牛	1	急救部	急救部	
2	重型泡沫车	五十铃	1	急救部	急救部	
3	重型泡沫车	MAN	1	急救部	急救部	
	……	……				

1.3 机场医疗

机场医疗应急救援物资储备表

序号	设备名称	型 号	数 量	使用单位	管理单位	备 注
1	急救箱		55	急救部	急救部	
2	水、电解质、酸碱平衡药		20	急救部	急救部	
	……	……				

1.4 飞行区管理部

飞行区管理部应急救援设备配备表

序号	设备名称	型 号	数 量	使 用 单 位	管理维护单位	备 注
1	压路机	徐工 XS202	1	飞行区管理部	飞行区管理部	
2	场道巡视车	长城	1	飞行区管理部	飞行区管理部	
	……	……				

1.5 机务公司

机务公司应急救援设备配备表

序号	设备名称	型 号	数 量	使用单位	管理单位	备 注
1	牵引车	TPX200S	12	机务公司	机务公司	
2	牵引车	TPX500	1	机务公司	机务公司	
	……	……				

1.6 ……

2. 应急救援协作单位应急资源调查

2.1 机场应急物资设备供应协作单位

……

2.2　机场应急救援医疗、防疫协作单位

……

2.3　机场应急救援消防协作单位

……

2.4 ……

……

3. 残损航空器搬移设备资源调查

3.1　机场

机场残损航空器搬移设备

序号	设备名称	型号规格	数量	所属单位	联系电话
1	顶升气囊	GL-2（40T）	4组	**	**
2	顶升气囊	GL-3（60T）	2组	**	**
3	空气压缩机	XAS97	1台	**	**
4	牵引挂具	额定载荷60T	1套	**	**
	……	……			

3.2　基地航空公司

基地航空公司残损航空器搬移设备

序号	设备名称	类型	型号规格	数量	所属单位	联系电话
1	机身千斤顶	顶升	737NG主机身	4	**	**
2	机身千斤顶	顶升	737NG前机身	2	**	**
3	机身千斤顶	顶升	737NG后机身	2	**	**
	……	……				

3.3　协议单位

协议单位残损航空器搬移设备

序号	设备名称	型号规格	数量	所属单位	联系电话	备注
1	起重机	100T	2台	**	**	
2	起重机	50T	2台	**	**	
	……	……				

3.4　残损航空器搬移专家库

序号	姓名	职　　务	联系方式
1	**	**	**
2	**	**	**
	……	……	

4. 能力评估

经过调查评估，××机场应急资源符合行业法规、标准要求，基本满足事故风险分析中的资源需求，并可以依据资源情况，制定各类应急措施和应急预案。具体情况如下：

（1）机场按照《民用航空运输机场飞行区消防设施》的要求配备了机场飞行区消防设施，并保证机场运行期间始终处于适用状态，符合＊级消防救援等级的要求。

（2）机场按照《民用航空运输机场消防站消防装备配备》的要求配备了机场各类消防车、指挥车、破拆车等消防装备的配备，并保证其在机场运行期间始终处于适用状态，符合＊级消防救援等级的要求。

（3）机场按照《民用运输机场应急救护设施配备》的要求配备了机场医疗急救设备、医疗器材及药品、医疗救护人员，并确保机场医疗急救设备、医疗器材及药品在机场运行期间始终处于适用状态和使用有效期内，符合＊级应急救护保障等级的要求。

（4）机场按照《民用运输机场突发事件应急救援管理规则》的要求，根据机场航空器年起降架次，配置了与机场所使用航空器最大机型相匹配的残损航空器搬移设备，并在机场运行期间保证其完好适用。

（5）机场按照《民用运输机场突发事件应急救援管理规则》的要求，机场配备了用于机场应急救援现场指挥的车辆，该车配有无线通信、传真、摄像、视频传输、电脑、照明等设备，并配有应急救援的相关资料库及主要材料的纸质文件。

（6）机场按照《民用运输机场突发事件应急救援管理规则》的要求，与地方政府相关消防部门、医疗救护机构、公安机关、运输企业、当地驻军等单位签订机场应急救援支援协议，就机场应急救援事项明确双方的职责。

（7）……

3.3.3 预案体系建设

预案体系建设是指民航单位在风险评估/突发事件分析的基础上，按照本领域应急管理的相关规章和规范性文件要求，结合实际工作需要，建立健全“横向到边、纵向到底、上下对应、内外衔接”的应急预案体系。

3.3.3.1 预案类型

民航单位在“风险评估/突发事件分析”的基础上，第一步就要按照本领域应急管理的相关规章和规范性文件要求，明确本领域需要编制的应急预案类型及适用情形。

示例：以民航生产经营单位“事故灾难”或者称之为“生产安全事故”应急预案体系为例

该领域映射到机场主要为“机场应急救援预案体系”、航空公司主要为“航空安全应急预案体系”、空管单位主要为“安全运行应急预案体系”，按照《民航应急预案管理办法》《生产安全事故应急条例》《生产安全事故应急预案管理办法》等法规规章和标准规范，其应急预案类型应包括综合应急预案、专项应急预案、现场处置方案三类，并且需要在各类预案的基础上编制应急处置卡和应急预案操作手册。

（1）综合应急预案，是指民航生产经营单位为应对各种突发事件或某一大类突发事件而制定的综合性工作方案，是本单位应对该事件的总体工作程序、措施和应急预案体系的总纲。

（2）专项应急预案，是指民航生产经营单位为应对某一种或者多种类型突发事件，或者针对重要生产设施、重大危险源、重大活动而制定的专项性工作方案。

（3）现场处置方案，是指针对具体场所、装置或者设施，根据不同突发事件所制定的应急处置措施。

同时，根据《生产安全事故应急预案管理办法》，民航生产经营单位应当在编制应急预案的基础上，针对工作场所、岗位的特点，编制简明、实用、有效的应急处置卡。

根据《民航应急预案管理办法》，民航生产经营单位应当结合本地区、本单位具体情况，编制应急预案操作手册，内容一般包括应急处置程序，应急队伍、装备物资情况和调用方案，相关单位联络人员和电话等。应急预案操作手册应当采用表格、流程图等表单化方法，以达到简明实用目的。

其他应急管理领域，诸如自然灾害、社会安全事件、公共卫生事件等，有相关法律规章规定的从其规定；没有规定的，可参照“事故灾难/生产安全事故”应急预案体系开展相关工作。

3.3.3.2　预案体系的纵向建设

在明确预案类型基础上，预案体系的纵向建设即如何实现民航单位应急预案体系的分级负责和纵向贯通，将预案落实到具体的部门、岗位或个人，确保民航单位应急预案体系的有效性和可操作性。

按照“统一领导，平战结合；顶层协调，专项管理；主体责任，协同联动”的应急管理工作体系建设原则，应急预案体系也应该按照“专项管理、主体责任”的要求，开展分级建设，打通各个组织层级，压实应急责任。

建议：

一般来说，民航单位应急预案体系的层级和民航单位组织架构有直接关系。即加上基层班组，有多少中间层级，就应该有几个层级的民航单位应急预案体系，具体见图3-11。

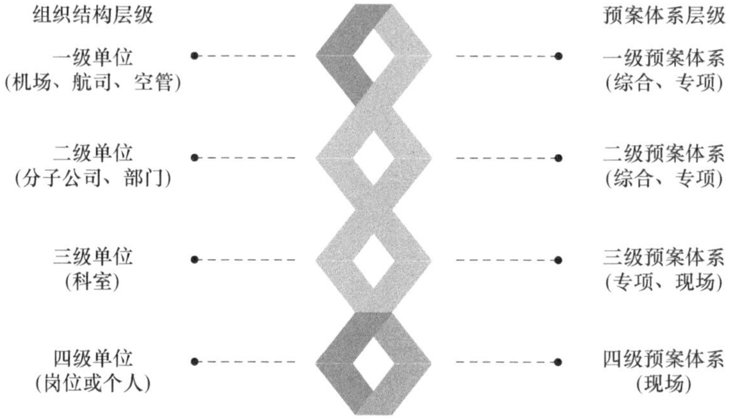

图3-11　应急预案体系的纵向结构

示例1：以××机场应急救援预案体系为例

按照××机场运行实际，××机场专项预案加上现场处置方案，共分为三级：

（1）一级专项应急预案，即机场级专项预案，是在××机场综合预案的指导下，机场应对某一种或几种航空安全事件，或者执行某些重要应急救援活动的规范性文件。

（2）二级专项应急预案，即部门/单位专项应急预案（简称部门级专项预案），在××机场综合预案和部门综合预案的指导下，一方面承接机场级专项预案，作为各部门/单位与机场应急救援预案体系间的重要衔接，另一方面在各自职责范围内指导和规范应急活动，并下接三级单位/部门或班组/岗位的现场处置方案。

（3）现场处置方案，是××机场三级单位/部门或班组/岗位在相应部门级专项预案的指导和规范下，针对具体场所、装置、设施或救援活动，根据不同突发事件类型所制定的应急处置措施；是整个机场预案体系的底层部分。

通过搭建“机场级专项预案—部门级专项预案—现场处置方案”的预案层级架构，可以实现预案层级与机场组织架构的紧密嵌套，保证预案的纵向贯穿度，层层落实预案建设要求，真正实现预案体系的“纵向到底”。

以航空器失事为例的机场预案层级架构见图3-12。

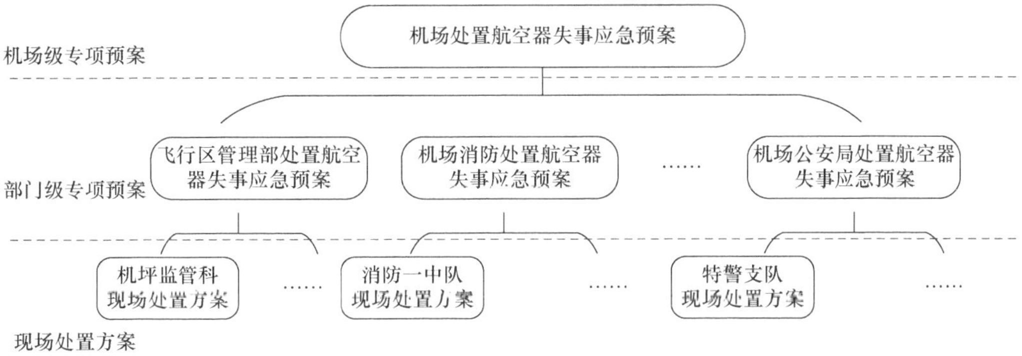

图3-12　以航空器失事为例的机场预案层级架构

示例2：以民航局空管局系统的安全运行应急预案体系为例❶

空管局系统各单位应按照相关规章和规范性文件要求，结合实际工作需要，建立健全“横向到边、纵向到底、上下对应、内外衔接”的应急预案体系。

1. “民航局空管局”层级

民航局空管局应当编制综合应急预案和专项应急预案，并制定相关应急预案操作手册；主要用于规范民航局空管局层面的各项处置活动，以及指导地区空管局的应急预案体系建设工作；各项工作应由民航局空管局相关领导牵头组织实施。

民航局空管局直属运行单位应当编制专项应急预案和现场处置方案，并制定相关应急预案操作手册。

2. “地区空管局”层级

在地区空管局层级上，应当编制综合应急预案和专项应急预案，并制定相关应急预案操作手册；主要用于规范地区空管局层面的各项处置活动，以及指导下属二级单位和分局（站）的应急预案体系建设工作；各项工作应由地区空管局相关领导牵头组织实施。

❶ 内容主要引自《空管系统安全运行应急管理规定》（AP-397-ATMB-2020-002）。

地区空管局下属二级单位和分局（站）应根据自身组织结构，以基层岗位为最低层级，层层压实预案体系建设，以符合“纵向到底”的建设要求。

以下内容仅规范地区空管局下属二级单位的预案体系建设，至少包括两个层级，即“二级单位”层级、“科室/岗位”层级。

2.1　“二级单位”层级

“二级单位”层级主要用于规范和指导本单位层面的各项处置活动，并规范下属科室/岗位的应急预案体系建设工作。

根据单位性质和处置需求，“二级单位”层级在“地区空管局”层级应急预案的指导和规范下，应编制专项应急预案，并制定相关应急预案操作手册。各项工作应由二级单位相关领导牵头组织实施。

“二级单位”中的独立法人单位应编制综合应急预案。

2.2　“科室/岗位”层级

“科室/岗位”层级在“二级单位”层级预案的指导下，用于规范基层部门和岗位的应急处置活动，应至少编制现场处置方案，并制定以岗位检查单为核心的预案操作手册。

面临风险较多、规模较大的“科室”（如空管中心下属的各管制科室等），应针对重点突发事件编制专项应急预案。

3．“分局（站）”层级

“分局（站）”层级至少包括三个层级，即“分局（站）”层级、“分局（站）下属二级单位”层级、“科室/岗位”层级。

3.1　“分局（站）”层级

“分局（站）”层级在“地区空管局”层级应急预案的指导和规范下，应至少编制综合应急预案和专项应急预案，并制定相关应急预案操作手册；各项工作应由分局（站）相关领导牵头负责。

3.2　“分局（站）下属二级单位”层级

“分局（站）下属二级单位”层级主要用于规范和指导本单位层面的各项处置活动，并规范下属科室/岗位的应急预案体系建设工作。

根据单位性质和处置需求，“分局（站）下属二级单位”层级在“分局（站）”层级应急预案的指导和规范下，应至少编制专项应急预案，并制定相关应急预案操作手册。各项工作应由单位相关领导牵头组织实施。

3.3　“科室/岗位”层级

“科室/岗位”层级在“分局（站）下属二级单位”层级预案的指导下，用于规范基层部门和岗位的应急处置活动，应至少编制现场处置方案，并制定以岗位检查单为核心的预案操作手册。

示例3：以某大型航空公司为例

按照相关法律法规要求，该航空公司航空安全应急预案体系分为综合应急预案类、专项应急预案类和现场处置方案类。

1．综合应急预案类

综合应急预案是公司和各分公司等的应急预案体系的总纲。

依据公司实际情况，综合应急预案类包括公司突发事件综合应急预案和各分公司突发事件综合应急预案等。

公司突发事件综合应急预案（以下简称综合预案）是公司应急预案体系的总纲，是公司应对重特大突发事件的规范性文件，为公司各专项应急预案和各分公司应急预案提供指导原则和总体框架。

分公司突发事件综合应急预案（以下简称分公司综合应急预案）在公司综合预案的指导和规范下，是分公司应急预案体系的总纲，是分公司应对重大突发事件的规范性文件，为分公司专项应急预案和下属运行单位应急预案提供指导。

2. 专项应急预案类

专项应急预案是公司为应对某一类型或某几种类型突发事件，或者针对重要应急任务等内容而制定的应急预案。

（1）公司专项应急预案的层级。依据公司实际情况，将专项应急预案分为两级，其中公司专项应急预案是一级专项预案、分公司专项应急预案和公司二级运行单位专项应急预案是二级专项预案。

公司专项应急预案在公司综合预案的指导下，是公司应对某一种或几种突发事件，或者执行某些重要应急任务的规范性文件。

分公司专项应急预案在公司综合预案和分公司综合预案的指导下，承接对应的公司专项预案，规范各分公司的应急活动，是各分公司与公司应急预案体系间的重要衔接。

公司二级运行单位专项应急预案（以下简称部门级专项预案）在公司综合预案的指导下，承接对应的公司专项预案，用以规范各二级运行单位的应急活动，是公司级专项预案和现场处置方案的承接枢纽。

（2）公司专项应急预案的类别。根据专项应急预案规范内容的不同，专项应急预案分为事件类、功能类、支持类和重大任务类。

事件类专项预案主要规范公司、分公司、二级运行单位应对重大突发事件的应急管理活动，是应急预案体系中的导引性文件。如公司处置航空器失事专项应急预案、公司处置航班大面积延误专项应急预案等。

功能类专项预案用来规范公司、分公司、二级运行单位在应对突发事件时的某一个或几个应急功能性任务，这些功能性应急任务不是仅仅为某种特定突发事件处置工作服务的，而是在所有或大部分突发事件处置过程中都要调用的各项任务。如应急调机专项预案、家属援助专项预案等。

支持类专项预案用来规范公司、分公司、二级运行单位在应对突发事件时的支持性任务。支持性任务是指为了支持应急功能能够正常发挥作用，提供相应的应急资源或能力，而不直接针对具体突发事件处置的活动。如重大突发事件财务保障专项应急预案、重大突发事件后勤保障专项应急预案等。

重大任务类专项预案类似事件类专项预案，但主要是指公司、分公司、二级运行单位为了完成特定重大任务而制定的行动方案。如海外撤侨专项预案等。

3. 现场处置方案类

现场处置方案是指各部门针对不同突发事件或活动而制定的应急处置程序、措施等。

公司、分公司、二级运行单位的基层部门依据对应的专项应急预案，按照实际情况制定。现场处置方案一般采用检查单形式。

备注：上下级预案的对应关系

一般来说，下一级单位的预案体系要求能完全承接上一级单位的应急预案体系，但在预案名称和数量上并不是一一对应的关系；只要预案体系能承接落地即可，以××机场航站楼管理部门为例，机场层面有航空器失事、航空器空中遇险等5个航空器专项预案，但是作为航站楼管理部门，在该类事件应急处置过程中的流程和要求基本一致，因此其只编制《××航站楼处置航空器突发事件专项应急预案》一个预案即可。

3.3.3.3　预案体系的横向建设

预案体系的横向建设即在一个预案建设层级（如民航单位层级）中，如何实现预案体系应对突发事件的全面覆盖性和针对性，其工作重点是明确本层级在本类突发事件应对领域需要编制的应急预案类型以及每种类型预案的编制数量。

建议/示例：基于突发事件的应急预案体系建设方法及示例❶

决定各层级预案数量的关键因素有两个，分别是组织面临的突发事件和需要开展的应急活动。因此，要确定预案数量，保证预案体系的完备性，必须从突发事件和应急活动着手；而应急活动又依托于突发事件存在，因此突发事件是解决这一问题的关键。基于以上认识，建议民航单位采用基于突发事件的应急预案体系建设方法。技术路线见图3-13。

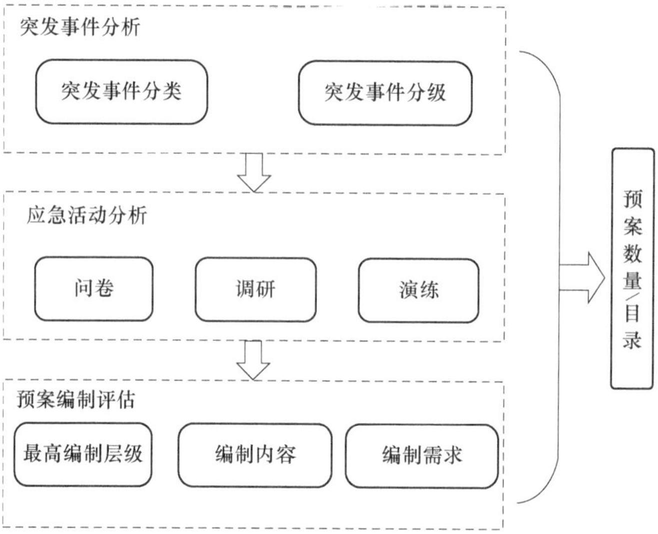

图3-13　基于突发事件的应急预案体系建设方法

本书以构建机场层面航空器突发事件应急预案体系为例，阐述这一方法的具体应用。

（1）突发事件分析。突发事件分析包括突发事件分类和突发事件分级两项工作。

❶ 内容主要引自作者的另一本著作《机场应急管理与应急救援理论、实践与探索》中“第五章 机场应急救援预案体系建设方法、实践与探索”相关内容，有兴趣的读者可以自行参阅。

1）突发事件分类。突发事件分类工作是整个技术路线的第一步，即通过分类、征集和整理，得出组织所面临的突发事件列表。表 3-6 即本书整理的航空器突发事件列表。

表 3-6　航空器突发事件列表

一　级	二　级	三　级	四　级
航空器突发事件	航空器安全事件	航空器失事	航空器场内失事
			航空器场外（8km 内）失事
			航空器场外（8km 外）失事
		空中遇险	空中故障/受损
			空中火警/失火
			空中危险品泄漏
			空中颠簸
			机组失能
			低油量
		跑道事件	冲出跑道
			偏出跑道
			跑道外接地
		地面遇险	地面相撞
			地面失火/火警
			地面危险品泄漏
			航空器燃油溢漏
			占用飞行区
			航空器意外受损
	航空器非法干扰事件	劫机	空中/地面
		发现爆炸物	空中/地面
		爆炸物威胁	空中/地面
		其他非法干扰活动	空中/地面

该表将航空器突发事件逐步细化为四个层级，当然四级事件仍然可以继续细化，如空中故障/受损可继续细化为起落架故障、发动机故障、鸟击等事件。只不过本书认为四个层级已经可以满足机场层面的预案体系建设需求，因此不再进一步细化；对于机场二级部门/单位，如消防、公安、机务等，可根据自身预案建设需要，继续对全部或部分四级事件进行细化。

2）突发事件分级。突发事件分级工作主要是通过突发事件分级分析，得出每个突发事件的等级区间，以在预案编制评估阶段，确定对应预案的最高编制层级。

本书在“2.2.1 突发事件分类分级”部分，已经给出了航空器突发事件的分级索引。本节将其中应急响应等级研判参考方案，按照上表中的三、四级事件，进行简要的整理，得出表 3-7。

表 3-7　三、四级事件的响应等级

三　级	四　级	响应等级
航空器失事	航空器场内失事	Ⅰ级
	航空器场外（8km 内）失事	
	航空器场外（8km 外）失事	
空中遇险	空中故障/受损	Ⅱ级、Ⅲ级、Ⅳ级
	空中火警/失火	Ⅱ级、Ⅲ级、Ⅳ级
	空中危险品泄漏	Ⅱ级、Ⅲ级
	空中颠簸	Ⅰ级、Ⅱ级、Ⅲ级、Ⅳ级
	机组失能	Ⅲ级、Ⅳ级
	低油量	Ⅱ级、Ⅲ级
跑道事件	冲出跑道	Ⅱ级
	偏出跑道	
	跑道外接地	
地面遇险	地面相撞	Ⅱ级、Ⅲ级
	地面失火/火警	Ⅱ级、Ⅲ级、Ⅳ级
	地面危险品泄漏	Ⅱ级、Ⅲ级
	航空器燃油溢漏	Ⅲ级、Ⅳ级
	占用飞行区	Ⅱ级、Ⅳ级
	航空器意外受损	Ⅱ级、Ⅲ级、Ⅳ级
劫机	空中/地面	Ⅰ级、Ⅲ级
发现爆炸物	空中/地面	Ⅰ级、Ⅲ级
爆炸物威胁	空中/地面	Ⅱ级、Ⅲ级
其他非法干扰活动	空中/地面	Ⅰ级、Ⅱ级、Ⅲ级

（2）应急活动分析。在突发事件分析的基础上，针对每类突发事件，通过问卷、调研、演练等多种方式，推演、分析、整理各项应急活动，并明确各项应急活动的责任部门或岗位。应急活动基本分析框架见表 3-8。

表 3-8 应急活动基本分析框架

处置阶段/场所		活动	
事发处置阶段		信息处置	信息接收
			信息研判
			信息报告
		先期处置	发布行动指令
			实施行动指令
			开展先期处置措施
		响应启动	发布响应等级
			实施分级响应
			设立指挥机构
事中处置阶段	总指挥部	应急组织指挥	
		监控事件动态，收集事件信息	
		建立外部协调联络机制	
		部署应急救援活动	
		部署客货处置工作	
		部署机场运行调整工作	
		信息发布与媒体沟通	
		部署综合保障工作	
		部署事故/事件调查工作	
		部署后期处置工作	
	处置现场	空中阶段	
		地面阶段	部署现场应急救援工作
			航空器险情控制/非法干扰专业处置
			伤亡人员救治
			集中、转移未受伤人员
			现场警戒、秩序管控与现场保护
			外部增援力量的联动
			现场救援保障
			事件调查与现场取证
			现场清理及现场恢复
			针对性处置
	联动现场（航站楼）	涉事人员安置	
		家属援助工作	
		运行调整与航延处置	
		加强航站楼治安管控（航空器非法干扰事件）	
	联动现场（公共区）	外部增援力量引导	
		公共区交通管控	
		运行调整与航延处置	
		加强公共区治安管控（航空器非法干扰事件）	

续表 3-8

处置阶段/场所	活　动
后期处置阶段	信息报送
	运行恢复
	抢修恢复
	善后处置
	危机公关
	事件调查
	总结评估

沿着基本分析框架，可以对每类航空器突发事件的应急活动展开系统性地分析、比较和整理，以达到以下几点作用：

第一，可以分析梳理出具有通用性的航空器应急救援或保障活动，为在预案编制评估阶段，给出活动类预案目录奠定基础。

第二，可以综合比较各类航空器突发事件所需应急活动的联系和差异，为在预案编制评估阶段，确定某类突发事件在各个预案层级是否需要单独编制应急预案提供依据。

第三，针对具体航空器突发事件的应急活动分析成果，可以直接用于相应预案的编制工作，本书将在下一章重点阐述相关内容。

（3）预案编制评估。在突发事件分析和应急活动分析的基础上，预案编制评估主要包括以下三项内容：

1）评估突发事件对应预案的最高编制层级。在突发事件分级的基础上，根据每个突发事件的响应等级，评估该突发事件对应预案的最高编制层级是机场级专项预案、部门级专项预案还是现场处置方案。

按照响应等级标准，一般而言，某类突发事件的最高响应等级能达到Ⅱ级及以上，就必须编制机场级专项预案；最高响应等级达到Ⅲ级，可编制机场级专项预案，也可仅编制相关单位的部门级专项预案；最高响应等级仅为Ⅳ级或以下，不需要编制机场级专项预案，根据事件进一步的细分，编制相应的部门级专项预案或现场处置方案即可。具体见表3-9。

表 3-9　响应等级与预案编制层级

最高响应等级	预案编制层级
Ⅰ级响应（灾难级）	机场级专项预案
Ⅱ级响应（机场级）	机场级专项预案
Ⅲ级响应（值班级）	机场级专项预案或部门级专项预案
Ⅳ级响应（区域级）	部门级专项预案或现场处置方案

可以看出，在四个级别细分的航空器突发事件分类框架下，基本上所有三、四级事件均需要编制机场级专项预案。

2）评估突发事件对应预案的编制内容。结合应急活动分析，针对跨响应等级的突发事件，在已确定对应预案的最高编制层级后，评估明确该预案编制的重点内容。

如某突发事件的响应等级覆盖了Ⅱ级、Ⅲ级、Ⅳ级，则需要编制机场级专项预案，同时也需要相关部门/单位编制相应的部门级专项预案和现场处置方案；根据分级负责原则，不同层级预案编制的重点内容见表3-10。

表3-10 不同层级预案编制的重点内容

预案层级	编制重点内容
机场级专项预案	主要规范Ⅱ级事件的处置活动； 兼顾Ⅲ级事件的处置活动
部门级专项预案	承接Ⅱ级事件的处置活动； 主要规范Ⅲ级和Ⅳ级事件的处置活动
现场处置方案	承接Ⅱ级和Ⅲ级事件的处置活动； 主要规范Ⅳ级及以下等级事件的处置活动

3）评估突发事件对应预案的编制需求。即评估确定某类突发事件在各个预案层级是否需要单独编制应急预案，如果在某一层级不单独编制预案，则要确定在哪些预案中体现相关内容和要求。

①事件类预案。通过前两项评估，基本上已经可以得出航空器应急救援预案体系中机场级专项预案（事件类）的编制数量或目录。

表3-11和表3-12分别是以三级和四级事件为基准的机场级专项预案（事件类）目录。从表中可以看出，以三级事件为基准，预案数量为8个；以四级事件为基准，预案数量为26个。

表3-11 三级事件为基准的机场级专项预案（事件类）目录

三级事件	机场级专项预案
航空器失事	（1）机场处置航空器失事应急预案
空中遇险	（2）机场处置航空器空中遇险应急预案
跑道事件	（3）机场处置航空器跑道事件应急预案
地面遇险	（4）机场处置航空器地面遇险应急预案
劫机	（5）机场处置劫机应急预案
发现爆炸物	（6）机场处置航空器发现爆炸物应急预案
爆炸物威胁	（7）机场处置航空器受爆炸物威胁应急预案
其他非法干扰活动	（8）机场处置航空器受其他非法干扰活动应急预案

表 3-12　四级事件为基准的机场级专项预案（事件类）目录

四级事件	机场级专项预案
航空器场内失事	（1）机场处置航空器场内失事应急预案
航空器场外（8km 内）失事	（2）机场处置航空器场外（8km 内）失事应急预案
航空器场外（8km 外）失事	（3）机场处置航空器场外（8km 外）失事应急预案
空中故障/受损	（4）机场处置航空器空中故障/受损应急预案
空中火警/失火	（5）机场处置航空器空中火警/失火应急预案
空中危险品泄漏	（6）机场处置航空器空中危险品泄漏应急预案
空中颠簸	（7）机场处置航空器空中颠簸应急预案
机组失能	（8）机场处置机组失能应急预案
低油量	（9）机场处置航空器低油量应急预案
冲出跑道	（10）机场处置航空器冲出跑道应急预案
偏出跑道	（11）机场处置航空器偏出跑道应急预案
跑道外接地	（12）机场处置航空器跑道外接地应急预案
地面相撞	（13）机场处置航空器地面相撞应急预案
地面失火/火警	（14）机场处置航空器地面失火/火警应急预案
地面危险品泄漏	（15）机场处置航空器地面危险品泄漏应急预案
航空器燃油溢漏	（16）机场处置航空器燃油溢漏应急预案
占用飞行区	（17）机场处置航空器占用飞行区应急预案
航空器意外受损	（18）机场处置航空器意外受损应急预案
空中被劫持	（19）机场处置航空器空中被劫持应急预案
空中发现爆炸物	（20）机场处置航空器空中发现爆炸物应急预案
空中受爆炸物威胁	（21）机场处置航空器空中受爆炸物威胁应急预案
空中受其他非法干扰活动	（22）机场处置航空器空中受其他非法干扰活动应急预案
地面被劫持	（23）机场处置航空器地面被劫持应急预案
地面发现爆炸物	（24）机场处置航空器地面发现爆炸物应急预案
地面受爆炸物威胁	（25）机场处置航空器地面受爆炸物威胁应急预案
地面受其他非法干扰活动	（26）机场处置航空器地面受其他非法干扰活动应急预案

虽然这两种预案目录中的预案数量相差很大，但在体系完备性和法规符合性方面，并没有本质性差别，区别在于每个预案具体内容的针对性和适用性不同，不同机场可以根据自身实际选择编制。

②活动类预案（见表3-13）。如机场不编制活动类预案，将相关救援或保障活动融入事件类预案中编写，则以上已经给出了完整的机场级专项预案目录；如编制活动类预案，可结合应急活动分析成果，编制符合机场自身实际的活动类预案。需要指出的是，活动类预案（方案），是一个开放性系统，可以根据应急救援或保障活动的调整，灵活增删。

表3-13　某机场活动类预案（方案）列表

活动类预案（方案）	（1）航空器突发事件救援等级行动指令与响应等级研判参考方案； （2）航空器突发事件总指挥部运作方案； （3）航空器突发事件现场指挥部运作方案； （4）航空器突发事件信息处置工作方案； （5）航空器突发事件“救援指令发布与实施方案； （6）航空器突发事件机动区控制工作方案； （7）航空器突发事件救援车辆通行工作方案； （8）航空器突发事件“隔离机位”工作方案； （9）航空器突发事件消防车尾随工作方案； （10）航空器突发事件响应等级发布工作方案； （11）航空器突发事件应急响应实施方案； （12）航空器突发事件家属援助工作方案； （13）航空器突发事件机场运行调整与恢复工作方案； （14）伤亡人员救治工作方案； （15）航空器突发事件未受伤人员转移安置工作方案； （16）航空器突发事件现场警戒、秩序管控与现场保护工作方案； （17）航空器突发事件外部增援力量联动工作方案； （18）残损航空器搬移方案； （19）爆炸物处置工作方案； （20）航空器危险品泄漏处置工作方案； （21）……

3.3.4　预案编制

预案编制是指民航单位在“预案体系建设”的基础上，按照本领域应急管理的相关规章和规范性文件要求，针对具体应急预案开展科学、规范的编制工作。

3.3.4.1　原则要求

根据《民航应急预案管理办法》，应急预案编制应当遵循以下原则：

（1）合法性原则。遵照有关法律、法规及民航规章要求。

（2）可行性原则。符合风险应对实际和自身能力现状。

（3）衔接性原则。实现横向、纵向相关应急预案有机衔接。

（4）简便性原则。简明扼要、条理清晰、通俗易懂、方便使用。

备注：

根据《生产安全事故应急预案管理办法》，应急预案的编制应当符合下列基本要求：

（1）有关法律、法规、规章和标准的规定；

（2）本地区、本部门、本单位的安全生产实际情况；
（3）本地区、本部门、本单位的危险性分析情况；
（4）应急组织和人员的职责分工明确，并有具体的落实措施；
（5）有明确、具体的应急程序和处置措施，并与其应急能力相适应；
（6）有明确的应急保障措施，满足本地区、本部门、本单位的应急工作需要；
（7）应急预案基本要素齐全、完整，应急预案附件提供的信息准确；
（8）应急预案内容与相关应急预案相互衔接。

3.3.4.2　编制计划

民航单位及下属各单位应针对本单位多发易发突发事件、主要风险等，制定本单位年度应急预案编制与修订计划，并根据实际情况适时调整完善。

建议：

民航单位可制定中长期预案编制或修订计划，以覆盖本单位全部应急预案。

3.3.4.3　编制程序

根据《民航应急预案管理办法》，预案编制单位应当成立预案编制工作小组，吸收预案涉及主要部门和单位业务相关人员、有关人员及有处置经验的人员参加。编制工作小组组长应由本单位相关负责人担任。

预案编制过程中，应根据相关法规文件要求和实际需要，广泛征求相关民航单位的意见和建议。预案中涉及外单位职责的，应当书面征求意见。

预案编制单位可邀请或委托有相关预案编制经验的第三方参与编制。

备注：

根据《生产经营单位生产安全事故应急预案编制导则》（GB/T 29639—2020），生产经营单位应急预案编制程序包括成立应急预案编制工作组、资料收集、风险评估、应急资源调查、应急预案编制、桌面推演、应急预案评审和批准实施8个步骤。

3.3.4.4　内容要素

预案编制单位应当按照《民航应急预案管理办法》及本领域应急管理的相关规章和规范性文件要求，编写各类应急预案的内容要素。

备注1：

空管系统在《空管系统安全运行应急管理规定》中规定了综合应急预案、各类专项应急预案、现场处置方案、应急处置卡、应急预案操作手册的编制要素和要点；并在《空管系统安全运行应急预案编制与演练指南》（IB-ATMB-2020-005）中给出了示例。

备注2：

生产经营单位生产安全事故应急预案各个预案类型的编制要素可参见《生产经营单位生产安全事故应急预案编制导则》（GB/T 29639—2020）。

建议/示例：

在有条件的应急预案体系（如机场应急救援预案体系、空管系统安全运行应急预案体系），民航单位可制定具有指导性制度性文件，以规范不同类型预案的编制要素和内容要求。

以“生产安全事故”相关的应急预案体系为例，一般来说，

（1）综合应急预案编制要素应该主要包括编制目的、依据、适用范围、响应分级、预

案体系、应急组织机构及职责、预防预警、处置程序与措施、应急保障措施等内容；其核心的内容是“适用范围”“响应分级”“应急组织机构及职责”和“应急预案体系”。同时，由于综合应急预案是总纲性文件，除了上述核心内容之外，在编写其他要素内容时，要把重点放在原则、流程和要求的描述上，不要陷入对具体细节的阐述。

（2）专项应急预案编制要素应该主要包括适用范围、应急组织机构及职责、响应程序、处置措施、应急保障等内容；其核心的内容是“组织机构及职责”“响应程序”和“处置措施”。专项应急预案的主要作用是规范各单位的应急职责、响应程序及处置措施的流程和要求，在编写时，要把重点放在流程、要求、措施的描述上，不要陷入对具体细节的阐述。

（3）现场处置方案编制要素应该主要包括适用范围、应急工作职责、处置措施等内容，其核心的内容是“处置措施”；在编制时要尽可能详尽地描述处置流程、要求和措施，要具有高度针对性和可操作性。在编制现场处置方案应该坚持三个面向——“面向情景、面向任务、面向方法”。面向情景，即必须在深预案的基础上，体现“情景”意识，即是在什么情形下使用的？是应对哪些事件或任务的？面向任务，即必须在具体“情景”的基础上，明确处置主体所要执行应急任务的名称、流程、时限等内容。面向方法，即在明确处置主体所要执行应急任务的同时，要给出完成该项任务所必需的方法或信息指引。

（4）应急处置卡实质上是对预案某一部分特定内容的简化。可以将其视为应急预案的使用附件，其编制要素应该主要包括适用事件和岗位、处置程序及内容、注意要点等，应急处置卡的编制要更加重视格式，不必拘泥于文字形式，根据需求，可采取建检查单卡、图形、海报、标语、标识等多种形式。其示例见图 3-14。

适用情景	航空器发动机单发、多发或所有发动机失效
适用岗位	管制席
内容	
1. 掌握故障类型及机组意图 航空器单发、多发、全部失效 机上人数、机载危险物质及其性质、要客 机组已采取处置措施及意图：MAYDAY、PANPAN、7700；止起飞/返航/迫降；其他机组需求 ……	
2. 与协调席相互通报确认信息	
3. 航空器中止起飞或未脱离塔台管制区域，执行 5-9	
4. 航空器脱离塔台管制区域，及时移交至进近，根据带班主任指令或救援需要，择机执行 5-9。	
5. 及时调配其他有关航空器避让，确保发动机失效航空器优先着陆，并尽可能满足机组提出的要求 ……	
6. 禁止其他航空器和与救援无关的车辆在相关区域活动	
7. 密切监控航空器飞行姿态，向机组提供任何所要求的情报及信息等 ……	

适用范围	➢ 本预案适用于指导和规范运行控制中心应对机场及其邻近区域内发生的航空器失事时的应急处置工作。 ➢ 本预案所称的“航空器失事”，主要指航空器发生坠毁、爆炸、起火或其他原因造成的航空器严重损坏或人员严重伤亡事件。

处置流程图：

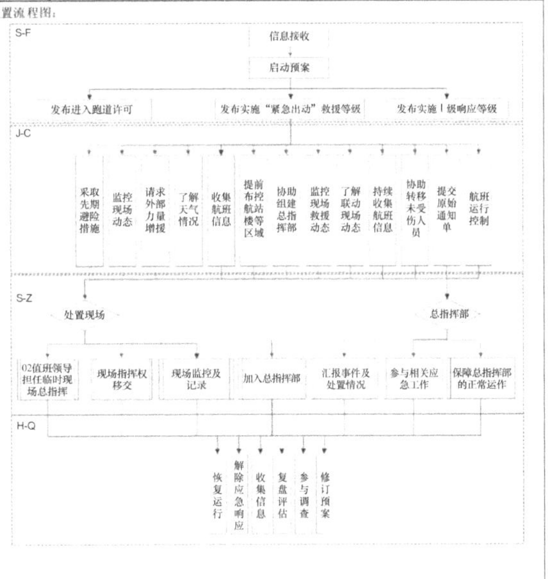

图 3-14　应急处置卡示例

(5) 应急预案操作手册是为了便于应急预案的使用，在应急预案的基础上，结合实际对应急预案进行简化、优化和深化的解释性和支撑性文件的集结或汇编。其示例见图3-15。

目 录

目录

图 3-15　应急预案操作手册示例

应急预案操作手册按照使用需要，分为基于预案的操作手册和基于部门/班组/岗位的操作手册两大类。

基于预案的操作手册是指操作手册直接附属于某一预案，是该预案解释性和支撑性文件的集结或汇编。其中，与应急预案相关的解释性文件一般包括术语与定义、各类流程图、操作指引等；与应急预案相关的支撑性文件一般包括各类应急处置程序与检查单、相关单位联络人员和电话、应急队伍与装备物资的说明性文件等。

基于部门/班组/岗位的操作手册是指操作手册附属于某一特定部门/班组/岗位，是该部门/班组/岗位从事一项或多项应急处置活动相关操作性文件的集结或汇编。

需要注意的是，一般来说，基于预案的操作手册是基于部门/班组/岗位的操作手册的编制基础，基于部门/班组/岗位的操作手册需要在整合相关预案操作手册中与本部门/班组/岗位相关内容的基础上，再增加相关内容编制而成。

3.3.4.5　编制格式

预案格式是预案编制工作中需要高度重视的方面，内容是预案发挥作用的基础，格式是预案发挥作用的条件。

在编制实务中，一般有四种格式：文本式、表格式、检查单式和图卡式。

预案编制单位在编制预案时，应根据预案类型和自身实际使用情况，选择合适的格式编制预案，争取做到预案内容与格式的均衡，以达到“简明扼要、条理清晰、通俗易懂、方便使用”的要求原则。

备注：不同预案编制格式的特点及适用预案类型

（1）“文本式”。“文本式”是最传统的预案编制格式，被民航单位广泛应用，也可将其称之为预案的标准版格式。

1）优点：格式严整；表述细致；通用性强。

2）缺点：一般篇幅较大；内容杂糅；格式繁复；不便于使用。

3）适用预案：综合应急预案；一、二级专项应急预案。

4）不建议使用预案：用于处置的专项应急预案和现场处置方案。

（2）“表格式”。“表格式”是在“文本式”预案的基础上，按照“谁使用、服务谁”的原则，通过对文本预案的深加工和整理，形成具有固定版式的表格化文件，可将其称之为预案的简化版本。

1）优点：格式清晰、界面友好、便于使用；针对性和可操作性较好。

2）缺点：技巧性强；需要多层级预案配合，才能发挥作用，对预案体系建设要求很高。

3）适用预案：用于处置的专项应急预案；现场处置方案；应急预案操作手册。

4）不建议使用预案：综合应急预案。

（3）“检查单式”。“检查单式”是航空公司广泛应用的预案编制格式之一，可以将其视之为“表格式”的升级和细化版本。一般用来规范某一特定部门或岗位的应急任务及要求，可将其称之为预案的使用版本。

1）优点：使用便利；针对性和可操作性很强；内容规范、细致。

2）缺点：对预案体系要求极高，容易造成预案之间出现矛盾、重叠和盲点；容易造成各部门或岗位“各自为政”，难以整体把握处置活动。

3）适用预案：二级专项应急预案和现场处置方案；或配合“文本式”和“表格式”预案编制使用。

4）不建议使用预案：综合应急预案、一级专项应急预案。

（4）“图卡式”。“图卡式”是应急处置卡的主要编制形式，形式多样、适用性广，一般体现为检查单、流程图、标志、标牌、手卡等形式。比如可以做成检查单，配合预案使用；可以做成标志、标牌，单独张贴；可以做成手卡等，随时携带；甚至可以做成扑克牌，便于携带、记忆和教育。

1）优点：使用便利；针对性和可操作性极强；格式友好。

2）缺点：仅规范某一特定事项，编制难度大。

3）适用预案：现场处置方案；应急处置卡。

4）不建议使用预案：综合应急预案、专项应急预案。

3.3.5　预案管理

预案管理是指民航单位参照《民航应急预案管理办法》，开展预案审核、备案、公开、评估、修订、培训、演练、宣传教育等动态管理工作。

3.3.5.1　预案审核

民航单位层面的应急预案应当经民航单位应急管理领导机构审核后，由民航单位主要负责人或分管负责人签发。民航单位下属单位的应急预案审核应参照民航单位程序制定本单位工作程序并执行。鼓励邀请外部专家参与应急预案审核工作。

示例：某机场应急管理规定中有关“预案审核”部分节选

制定机场级应急预案时应充分征求航空器营运人/代理人等主要驻场单位意见，涉及外单位职责的，应书面征求意见。综合应急预案编制完成后应组织专家进行评审，并形成书面意见，评审通过后由及机场管理机构主要负责人签发后实施，向本单位从业人员和相关单位公布；机场级专项应急预案编制完成后应组织专家进行论证，并形成书面意见，论证通过后由机场管理机构分管负责人签发后实施，向本单位从业人员和相关单位公布。

二级单位制定部门级应急预案时应书面征求各相关单位意见，预案编制完成后编制单位应组织相关单位专家进行论证，论证通过后由本单位主要负责人签发后实施，向本单位从业人员及其他相关人员公布。

参加应急预案评审（论证）的人员应当包括有关安全生产及应急管理方面的专家。

应急预案的评审或者论证应当注重基本要素的完整性、组织体系的合理性、应急处置程序和措施的针对性、应急保障措施的可行性、应急预案的衔接性等内容。

应急预案评审采取形式评审和要素评审两种方法。形式评审主要依据《生产经营单位生产安全事故应急预案编制导则》和有关行业规范，对应急预案的层次结构、内容格式、语言文字、附件项目以及编制、评审、颁布程序等内容进行审查，重点审查应急预案的规范性和程序。要素评审主要依据国家有关法律、法规、《导则》和有关行业规范，从合规性、完整性、针对性、实用性、科学性、操作性和衔接性等方面对应急预案进行评审。

3.3.5.2　预案备案

民航单位层面的应急预案在应急预案印发后的20个工作日内，民航单位应依照《民航应急预案管理办法》的规定向有关单位备案。

民航单位下属各单位应在本单位应急预案发布实施后20个工作日内，将预案向民航单位备案。

示例：某机场应急管理规定中有关“预案备案”部分节选

机场级应急预案发布实施后，由机场应急管理部门征得地方人民政府同意后，向民航管理部门报备。

机场各单位应在部门级应急预案发布实施后20个工作日内，将预案的电子版文件、预案备案表报机场应急管理部门备案。

3.3.5.3　预案公开

民航单位编制的应急预案应当向本单位从业人员公布。对于需要公众广泛知晓的应急预案，应主动向公众公开。对于确需保密的应急预案，按有关规定执行。

3.3.5.4　评估修订

民航单位应当建立定期评估制度，分析评价预案内容的针对性、实用性、可操作性和衔接性，实现应急预案的动态优化和科学规范管理。

根据《民航应急预案管理办法》，有下列情形之一的，应当及时修订应急预案：

（1）有关法律、行政法规、规章、标准、上级预案中的有关规定发生变化的；

（2）应急指挥机构及其职责发生重大调整的；

（3）面临的风险发生重大变化的；

（4）重要应急资源发生重大变化的；

（5）预案中的其他重要信息发生变化的；

（6）在实际应对或应急演练中发现问题需要做出重大调整的；

（7）应急预案制定单位认为应当修订的其他情况。

预案修订后应及时印发给参与应急处置的相关单位，并重新进行报备。

民航单位各单位和个人均可以向预案编制单位提出修订建议。

示例：某机场应急管理规定中有关“预案评估修订”部分节选

机场及各单位至少每三年对本单位应急预案进行一次有效性评估，各相关单位和个人可以向预案编制单位提出预案修订的建议。

3.3.5.5　预案的培训与演练

民航单位应将应急预案培训和演练工作纳入年度工作计划，通过编发材料、举办培训班、研讨交流等方式，组织开展应急预案培训和演练。

应急演练的周期应当在预案或相关文件中明确规定，专项应急预案至少每三年进行一次演练。

具体参见本书第5章与第6章相关内容。

3.3.5.6　预案的宣传教育

根据《民航应急预案管理办法》，民航单位及下属各单位应当充分利用互联网、广播、电视、报刊等多种媒体广泛宣传本单位涉及公众的非涉密应急预案，制作通俗易懂、好记管用的宣传普及材料，向公众免费发放。

4 组织与资源

组织与资源是指在预案或制度化文件的要求下，搭建组织构架，建立所需的符合相关资格或资质证书标准的队伍，配备符合相关标准的设备、工具、系统和物资等。

组织与资源建设包括组织管理和资源管理两个基本要素，其下又细分为若干子要素，具体见图 4-1。

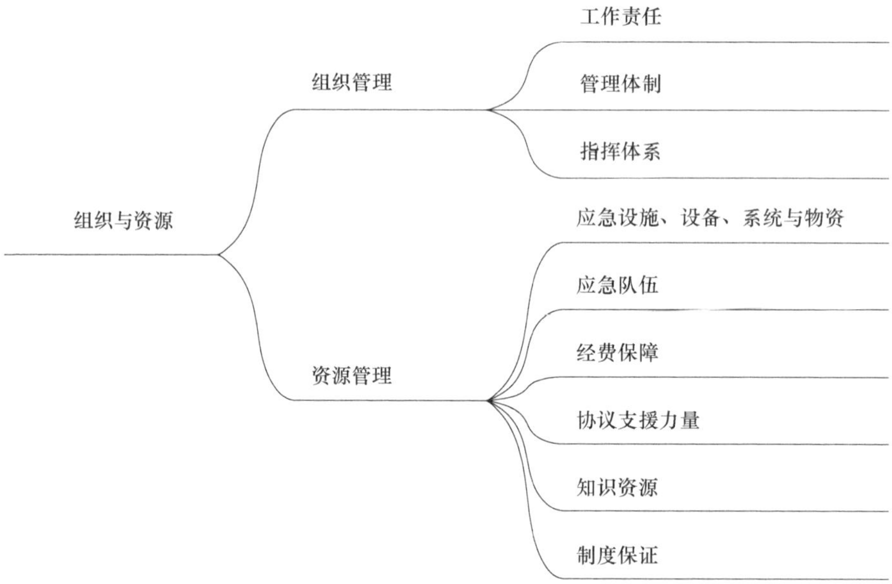

图 4-1 “组织与资源”部分要素概览

4.1 组织管理

“组织管理”概述了民航单位各领域应急管理工作体系建设的各项组织管理活动，有助于完善民航单位应急管理体制，压实应急责任，为各项应急管理工作的顺利实施提供坚实的组织保障。

“组织管理”分为工作责任、管理体制和指挥体系三项建设内容，具体见图 4-2。

4.1.1 工作责任

4.1.1.1 应急管理责任制

民航单位应当认真履行应急管理主体责任，贯彻落实国家应急管理方针政策及有关法律规章、规定，建立和完善应急管理责任制，应急管理责任制应覆盖本单位全体职工和岗位、全部运行和管理过程。

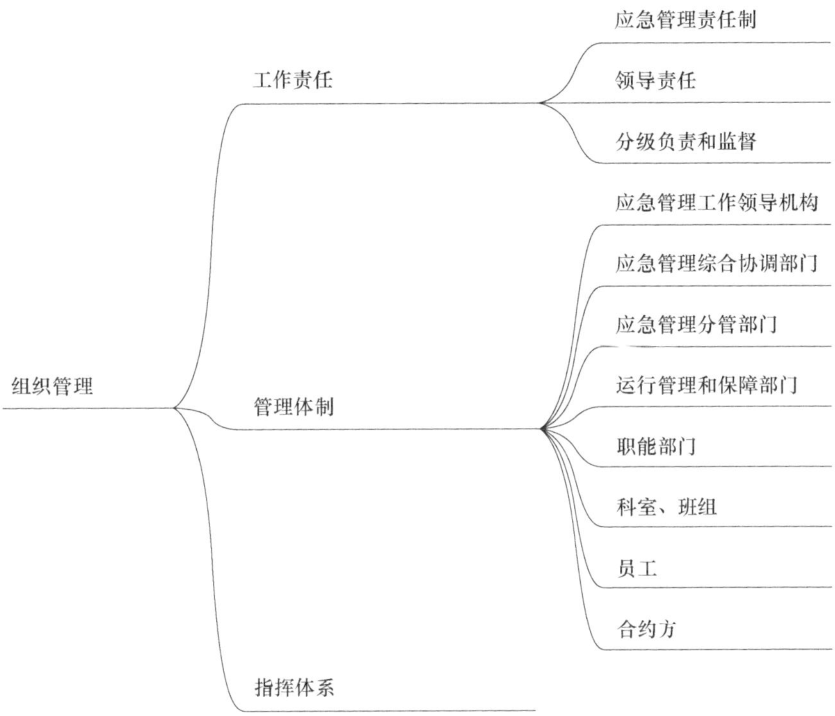

图 4-2 “组织管理”部分要素概览

在民航单位运营的航空器营运人应在与民航单位签订的综保协议中明确双方在应急管理工作的权利和义务。

涉及业务外包的单位在落实本单位应急管理主体责任时，应同样做好外包业务的应急管理工作，明确双方责任。

应急管理责任制的建立可以蕴含在安全责任制（如安全生产等）建设之中，也可在具体突发事件应急管理领域（如网络安全等）内单独实施。

建议：

参照民航单位 SMS 体系中“安全责任制”的要求，以民航安全生产运行领域为例，民航单位应当：

（1）建立适应民航单位规模和生产发展需要、符合国家及民航行业要求的权责明晰、管理高效的组织机构和运行机制，如有必要，可对现行组织机构进行相应的调整、改造；

（2）在民航单位范围内书面明确并宣传民航单位的应急责任、义务和权限；

（3）依据《中华人民共和国安全生产法》等有关法律法规要求，理顺、明确所有管理层人员应急管理职责和员工的岗位职责，确保其落实。

4.1.1.2 领导责任

民航单位主要负责人是本单位各类突发事件应急管理工作的第一责任人，对本单位应急管理工作负总责。

民航单位应明确具体突发事件应急管理工作的分管负责人，协助主要负责人落实应急管理方针政策及有关法律规章、规定和标准，统筹协调和管理相应突发事件的应急管理工作，对本单位应急管理工作负重要领导责任。

建议：

参照民航单位SMS体系中“安全责任制”的要求，以民航安全生产运行领域为例。

(1) 民航单位党政主要负责人（含法定代表人、实际控制人，下同）同为本单位应急管理的第一责任人，对本单位的应急管理工作全面负责，为民航单位应急管理第一责任人，对民航单位应急管理工作体系的实施和运行具有最终责任和义务，其责任与义务不可转移。

民航单位主要负责人为民航单位应急管理工作体系建设的总负责人，可直接担任某种突发事件应急管理工作体系建设的负责人，也可确定一名副总经理级别（含）以上的人员具体负责相关突发事件应急管理工作体系建设工作。

(2) 负责具体突发事件应急管理工作的领导要按照分工协助主要负责人组织落实分管领域内各项应急法律法规、标准，统筹协调管理分管领域的应急管理工作，对分管范围内的应急管理工作负领导责任。

示例：

以某机场为例，分管安全的副总经理负责机场应急救援管理工作，分管运行的副总经理负责机场运行危机事件的应急管理工作，分管服务的副总经理分管机场服务相关突发事件的应急管理工作，分管行政的副总经理负责机场突发公共事件的应急管理工作，分管信息化建设的副总经理负责机场网络安全的应急管理工作等，且所有类型突发事件应急管理工作的第一责任人均为民航单位党政主要负责人。

4.1.1.3 分级负责和监管

民航单位对本单位应急管理工作负总责，直接监督管理下属各单位、各部门的应急管理工作，包括但不限于应急管理组织机构设置情况，应急管理制度建立情况，应急预案编制、评估、备案、培训、演练情况，应急管理投入、专（兼）职应急队伍和资源建设情况，及时报告、处置突发事件等情况，并严格应急管理的检查、考核、奖惩和责任追究。

4.1.2 管理体制

“管理体制”是指民航单位应当按照有关法律规章要求，成立应急领导机构，设置或明确应急管理综合协调部门和具体突发事件应急管理分管部门，明确下属各单位的应急管理职责。

根据《中国民用航空应急管理规定》，民航应急工作建立统一领导、综合协调、分类管理、分级负责的管理体制。

4.1.2.1 应急管理工作领导机构

民航单位应急管理工作领导机构目前有两种构建模式：

(1) 统一的应急管理工作领导机构。民航单位可成立统一的应急管理工作领导机构(以下简称“领导机构”)，负责统一领导本单位的各类突发事件应急管理工作，研究决策应急管理重大问题和突发事件应对措施。

(2) 分类管理的应急管理工作领导机构。针对不同类型突发事件成立对应的应急管理工作领导机构或由相关领导机构负责应急工作。

需要注意的是，无论哪种模式，如各类应急管理相关的领导机构负责人均应当由单位主要负责人担任，均不违反“统一领导”原则。该领导机构应同时明确一位分管负责人具体分管领导机构的日常工作；领导机构成员一般均包括本单位所有领导，根据管理和处置需要，吸纳相关单位负责人。

示例/建议1：民航管理部门

民航局及各地区管理局、监管局/运行办均为“统一的应急管理工作领导机构”模式，民航局成立了民航局突发事件应急工作领导小组，作为民航突发事件应急管理工作的统一领导机构。

目前民航局、地区管理局及各监管局或运行办，均成立了各自的突发事件应急工作领导小组，并均由行政首长担任组长，副组长为各单位领导，成员包括了下属部门的主要领导，实现了对应急管理工作的统一领导。

并且，通过地区管理局及各监管局或运行办应急管理领导机构的设置，也践行了“分级负责、属地管理为主”的原则，从纵向上保证了民航管理部门应急管理体制的落地和坚强领导。

但是，民航管理部门在统一领导方面的问题并不在纵向层面，而是在横向层面。即民航管理部门在顶层设计时，存在着不同领导机构，比如航空安全领域、反恐领域、网络安全领域、重大运输领域、正常性管理领域、公共卫生领域等，这些领导机构和应急管理工作领导机构的人员构成基本相同，职责略有交叉，如何协调顶层各个领导机构之间的关系，成为民航管理部门应急管理工作的一道难题，同时也给后面的“综合协调、分类管理”带来一系列问题，这些都需要在今后的体制改革中予以解决。

示例/建议2：机场

大部分机场均采用的是“分类管理的应急管理工作领导机构”。一般在应急救援领域，会根据《民用运输机场突发事件应急救援管理规则》(CCAR-139-II-R1，以下简称《规则》)要求，在地方人民政府的统一领导下，成立了机场应急救援工作领导小组(以下简称“救援领导小组”)，通常由地方人民政府、机场管理机构、民航地区管理局或其派出机构、空中交通管理部门、有关航空器营运人和其他驻场单位负责人共同组成。

在其他应急管理领域，成立相关领导机构，如反恐领导小组、运管委、突发公共卫生事件应急领导小组等。

但是，在实务中存在很大的误解，即很多机场认为所谓的“机场应急救援工作领导小组”即为机场统一的应急管理工作领导机构，这是很不恰当的，而且在实际工作，已经出现监管局或者地方政府认为机场应急救援工作领导小组只是机场应急管理在应急救援领域的一个专项领导机构，不能算作统一领导机构。

根据《规则》，机场应急救援工作领导小组是机场应急救援工作的最高决策机构，成员范围既包括地方政府、民航管理部门，也包括机场管理机构及驻场单位。

“救援领导小组”的架构设计，提高了机场应急救援工作的权威性，涵盖了机场应急救援工作所需的各类组织或机构。但是，正因为覆盖面广，其不仅包括机场内部部门和驻场单位，还有地方政府、民航管理部门等单位，权责关系很难界定和划分，这一点在“救援领导小组”组长设置方面，体现得尤为突出。

目前，我国机场普遍存在两种“救援领导小组”组长设置方式。

其一，将“救援领导小组”组长设置为机场主要负责人。这样设置的好处是明确了机场方作为机场管理机构的权限，提高机场在应急救援工作的权威性，切实履行《规则》中“机场管理机构……负责机场应急救援工作的统筹协调和管理”的要求；但是，正如前文所述，“救援领导小组”中还有地方政府、民航管理部门乃至武警的负责人，这实质上已经超出了机场管理机构的职权范围，机场主要负责人也很难协调相关单位的领导，并且也不太符合《规则》中“机场应急救援工作应当接受机场所在地人民政府（以下统称地方人民政府）的领导”的要求。

其二，将“救援领导小组”组长设置为当地政府（一般为市或省一级）的领导，据作者了解，大部分机场均采用这种设置方式。这样的好处是能有效调用地方的资源和力量，体现了地方政府对机场应急救援工作的领导；但是，这样虽然解决了“地方政府”的问题，却又弱化了机场作为“机场管理机构”的综合协调和管理职能，增加了机场履行《规则》中“在地方人民政府领导下、民用航空管理部门指导下，机场管理机构……同时负责发生突发事件时机场应急救援工作的统一指挥。参与应急救援的单位和个人应当服从机场管理机构的统一指挥”的难度。

从实践来看，应急救援工作领导小组比较便于政府统筹指挥和管理，但如果机场也以“救援领导小组”作为机场内部应急领导机构的话，就不太妥当了。因为在应急救援实践中，机场需要明确地知道，哪些部门和资源属于内部可调度的，而哪些部门和资源需要借助外部力量调度和使用。如果不能适当地对“内”“外”加以区分，那么在实际救援过程中，就有可能出现权责不清、互相推诿的情况，直接影响救援的效率和效果。

另外，从应急管理本身逻辑出发，应急救援与应急管理是内涵与范围均有明显区别的两个概念，应急救援工作不能与普遍意义上的应急管理工作等同。

根据《突发事件应对法》及地方政府法规标准，应急管理工作的适用范围包括自然灾害、事故灾难、社会安全和公共卫生事件，政府据此还分别设立了针对具体事件的专项应急指挥部，如抗震救灾指挥部、防汛抗旱指挥部等。

根据《规则》，机场应急救援工作针对的是应急救援事件。机场应急救援工作的适用范围要明显小于机场应急管理工作，应该只包括“在机场及其邻近区域内，航空器或者机场设施发生或者可能发生的严重损坏以及其他导致或者可能导致人员伤亡和财产严重损失的情况”。简单概括，就是会造成“航空器严重受损、人员伤亡和财产严重损失”的事件。以此为基准，机场应急救援工作范围的重点是“事故灾害”，包含一部分“自然灾害”“社会安全”和“公共卫生”事件，并不能完全覆盖所有应急管理领域。

综合上述分析，本书认为，将机场应急救援工作领导小组作为机场应急管理工作统一领导机构，是不尽合理的；机场应当在现有架构的基础上，明确机场应急管理工作领导机构设置模式，要么就明确为分类设置，避免误解；要么就借鉴广州白云国际机场等机场以成立机场应急管理委员会为核心的应急管理体制顶层设计改革经验和做法，即统合各个领域领导机构的应急管理职能，成立统一的应急管理工作领导机构，如机场应急管理委员会，对机场各类突发事件实施统一管理，负责统筹和协调机场内部单位和各驻场单位各项应急管理工作，向应急救援工作领导小组汇报机场应急救援过程中遇到的重大问题，落实上级部门的指示和要求。

示例/建议 3：航空公司

航空公司均成立了应急管理工作领导机构，虽然名称不一（国航为应急管理领导小组，东航为国防动员、应急及重大运输管理领导小组，南航为应急领导小组），但基本设置和架构类似。

本书建议航空公司整合与应急管理工作相关的活动和业务，如国防动员、重大运输等，成立一个覆盖范围更广的领导机构，避免顶层机构设计叠床架屋，提高公司的整体运作效率。

其中，东航集团（东航股份）国防动员、应急及重大运输管理领导小组具有典型代表性，相关内容如下：

东航集团（东航股份）国防动员、应急及重大运输管理领导小组由公司领导组成。

具体如下：

组长：集团公司董事长、党组书记，东航股份董事长、党委书记；集团公司总经理、党组副书记，东航股份总经理、党委副书记。

常务副组长：集团公司党组成员、副总经理。

副组长：东航股份党委常委、副总经理。

常设成员：集团公司党组成员、东航股份党委常委、集团公司安全总监、东航股份安全总监、总飞行师、运行总监、东航物流及东航股份各分子公司党政主要领导均为小组成员。

领导小组副组长直接领导公司应急管理工作，下设集团公司（东航股份）应急管理办公室作为常设办事机构。

各分子公司设本单位应急工作分管领导，下设分子公司应急管理办公室作为常设办事机构，具体执行应急管理工作的职能。

公司其他单位和机关各部门指定一名应急工作分管领导和承接应急管理工作的职能部门负责本单位应急管理工作。

示例/建议 4：空管单位

民航局空管局成立了空管系统应急管理工作体系建设领导机构——领导小组。小组组长由空管局局长和党委书记担任，成员包括空管局局领导、各地区空管局局领导、相关职能部门及直属单位领导。

主要职责为贯彻落实应急管理方针政策及有关法律法规、规定要求，建立和完善空管系统应急管理工作体系，统一组织、领导、指挥、协调空管系统应急管理和处置工作，研究决策应急管理重大问题和突发事件应对措施。

各地区空管局及分局（站）也均成立了以主要负责人为组长的应急管理工作统一领导机构。

4.1.2.2　应急管理综合协调部门

民航单位在统一或分类管理的应急管理工作领导机构之下，应设立相应的应急管理综合协调部门作为本单位总体或该领域应急管理工作的日常办事机构，负责组织、落实本单位总体或该领域应急管理工作体系建设工作。

在统一的模式，应急管理综合协调部门一般称之为应急管理办公室（简称“应急办”）；在分类管理的模式下，该领域应急管理综合协调部门一般称之为“××应急管理办公室”（如有些机场在应急救援领域设置的应急救援办公室等）。

“应急管理综合协调部门”建设一般应符合以下要求：

（1）负责人应由公司副总（含）以上级别人员担任，成员包括相关单位的主要或分管负责人。

（2）民航单位应指定机构和人员负责日常工作。

（3）应实行联席工作制度，定期或不定期召开会议，讨论和协调解决指定的具体事项，以会议纪要形式记录议定事项，各成员单位按照部门职能落实责任，该部门负责督促落实。

（4）主要职责至少包括组织民航单位层面应急预案体系和制度建设；组织民航单位层面应急预案的编制和修订工作；组织制定民航单位层面各项应急工作计划；组织实施民航

单位层面的应急培训、应急演练、检查和评估工作；指导下属各单位的应急管理工作体系建设工作。

（5）民航单位在满足以上要求的基础上，可根据自身实际情况，灵活设置具体组织形式和运作模式。

（6）民航单位应根据本单位的运行实际、管理范围、管理跨度等，配置足够的专（兼）职应急管理人员。

示例/建议1：民航管理部门

以民航局为例，民航局突发事件应急工作领导小组办公室（对外称“中国民用航空局应急管理办公室”，统一简称为“民航局应急办”）为领导小组日常办事机构，设在民航局运行监控中心，主任由民航局运行监控中心领导担任，与运行监控中心应急管理处合署办公，接受综合司和运行监控中心的双重管理。

各地区管理局、监管局/运行办也设置了应急办，一般均设在办公室或行政办。

示例/建议2：机场

由于大部分机场均为“分类管理的应急管理工作领导机构”模式，这里仅讨论比较成熟的机场应急救援领域。

根据规章，各机场均设立了机场应急救援指挥管理机构，即机场应急救援指挥中心作为应急管理综合协调或管理部门；大部分机场在应急救援指挥中心的框架下，还成立应急管理办公室或应急救援办公室作为具体办事机构。部分机场的应急管理部门还兼管机场集团的应急管理工作。

从调研情况来看，目前机场应急救援指挥中心/应急管理或应急救援办公室的设置主要有三种类型：管运一体、管救一体和管理分离。管运一体是指应急管理和应急指挥职能均由机场运行控制/运行指挥部门承担；枢纽及干线机场其下会成立独立科室，如应急管理室、应急管理科、应急救援办公室或危机管理部，支线机场会明确专兼职人员。管救一体是应急管理和应急指挥职能分别由不同部门承担。一般情况下，应急指挥职能由机场运行控制/运行指挥部门承担；应急管理职能由整合后的应急救援部门（一般为整合消防、急救等救援力量，名称为应急救援部或应急管理部）承担。管理分离是指应急管理和应急指挥职能分别由不同部门承担。一般情况下，应急指挥职能由机场运行控制/运行指挥部门承担；应急管理职能由机场安全管理部门或单独设置的职能部门（一般名称为应急管理部）承担。

就应急救援指挥中心/应急管理或应急救援办公室而言，三种设置模式各有利弊。

（1）管运一体。管运一体是绝大部分机场采取的设置模式。

优势是应急指挥与应急管理一体化运行，能实现“值守应急、信息汇总、综合协调，发挥运转枢纽作用”，极大地提高运作效率。

但是在机场应急实践中，该模式却暴露出了许多缺陷：

第一，机构矮化，人员配备不足。

虽然在名义上应急办依托运行控制/运行指挥部门设置，代表单位行使应急管理职责，但是在实际运行中，很多民航单位的应急办已经矮化为运行控制/运行指挥部门之下的一个二级机构，编制、经费、考核等均由其决定。这就导致很多应急办长期处于不满编状态，如某枢纽机场，应急办满编5人，但由于上级单位截留，长期只有2人在岗；某省会干线机场，甚至到现在也没有专职人员负责应急工作。

第二，权责不匹配，难以发挥协调职能。

应急办的工作涉及单位的很多部门，需要很强的协调力度，但是运行控制/运行指挥部门作为运行单位，与其他部门处于平行甚至下位状态，难以发挥协调职能。

第三，运行控制/运行指挥部门监督主体缺位，应急能力不足。

机场将应急管理综合协调或管理部门单独设置在运行控制/运行指挥部门，冀望其在承担运行职能的同时，做好日常管理及检查工作。这就造成了运行控制/运行指挥部门“既是运动员，又是裁判员”，自身缺乏有效监管，极易造成“灯下黑”现象，导致运行控制/运行指挥部门的应急工作得不到有效督促，应急能力严重不足。

这些组织缺陷已经在民航应急实践中造成了很多问题，如机场指挥中心能力严重不足、关键部门和岗位应急能力较差等，已经给航空安全造成了严重威胁。

由此，部分机场探索开展了体制改革过程，出现了上文提到的管救一体和管理分离模式。

（2）管救一体。杭州机场、宁波机场、海口机场、三亚机场等在管运一体遇到问题的基础上，组建成立应急救援部或应急管理部，将应急管理、消防、急救救援力量等整合设置，优势是加强了专业救援力量的建设力量，部分解决了管运一体的“既当运动员又当裁判员”的问题；但是，却带来了一些新问题：

第一，未能解决机构矮化问题，内部运行脱节。

从实际来看，管救一体只是在形式上将应急管理、消防、急救糅合在一个部门，实际上承担应急管理职能的部门仍然是一个科室，并未从实质上解决机构矮化，人员配备不足的问题，而且应急管理职能与消防、急救并不存在必然且紧密的业务联系，内部运行也存在割裂和脱节的问题。

第二，协调范围和力度较“管运一体”模式更窄更弱。

由于应急管理、消防、急救糅合在一个部门，其协调范围从管运一体的应急救援加运行危机，直接缩减为应急救援，范围进一步窄化；同时，消防、急救等救援部门在机场中历来为保障单位，只具有事权，不具有协调权限，属于较为弱势单位，协调力度远弱于管运一体的运行控制/运行指挥部门。

设置“管救一体”模式后，不仅未加强应急管理综合协调或管理部分的协调力度，反而增加了运行控制/运行指挥部门之间的协调，协调难度不减反增。

第三，“管救一体”的设置未能加强应急指挥的能力建设。

将应急管理、消防、急救糅合在一个部门，本意是加强消防、急救等专业救援力量，提高应急救援效率和效果；但是，其严重忽略了一个基本逻辑，消防、急救诚然是重要的救援力量，但从实践来看，重大救援失败的原因往往是指挥不力和日常管理不到位，而且其也没有解决“既是运动员，又是裁判员”的问题，只不过从“管运一体”的运行控制/运行指挥部门换成了“管救一体”的救援力量而已。

管救一体的设置不仅不能加强机场整理应急处置效果，反而可能因为过分重视救援力量，极有可能陷入“四肢发达，头脑简单”的困境。

(3) 管理分离。管理分离是以青岛机场为代表的机场所探索的应急管理体制新实践。

青岛机场实施“三位一体”的应急管理体制，将安全、应急、值班统一归口，进行一体化管理，建立统一指挥、专业支持、快速反应、分工协作、高效处置的“安全-应急-值班”体系。

其也设置应急救援指挥中心，作为领导小组的常设办事机构，同时也是机场应急救援工作管理机构和发生突发事件时的应急指挥机构。但是与其他机场不同的是，青岛机场应急救援指挥中心由应急管理部、总值班室、运行指挥中心共同组成。其中，应急管理部负责集团公司应急工作的日常管理和统筹协调，对各单位应急管理工作进行指导、协调和监督检查。总值班室负责启动应急事件组织指挥体系，成立现场指挥部，负责应急救援的前期指挥和协调工作。运行指挥中心负责指令发布、信息处理，协助总指挥工作。其中的应急管理部即青岛机场新组建的部门，与安全管理部、总值班室合并办公。

通过这种模式，青岛机场实现应急管理的职能分离，符合“基于应急准备、兼顾应急处置”的应急管理体制设计思路，以“机构上移、管运分离”原则，创建了“管理分离、协同合作”的应急管理体制。该模式主要有以下几点优势：

第一，彻底解决了“既是运动员，又是裁判员”的问题。

管理分离，而且在机关设立应急管理部门，就避免了管运一体和管救一体中，管理与运行或救援部门合一的问题，提高了应急管理的权威和效果，监察和管理力度增强，反而更加有助于提高运行控制/运行指挥部门和救援部门的应急能力。

第二，协调范围更广，协调力度更强。

由于管理分离，应急管理部门不再依托某个具体运行部门，其协调范围可以覆盖应急管理各个领域，除了部分特殊领域（如舆情事件、网络安全）之外，协调范围更广；而且，由于设置在职能部门，同时与安全管理部合并办公，协调力度也远远大于运行管理部和救援部门。

第三，分工明确，协同合作，更能提高应急管理各项工作的效能。

管理分离，其一，由机关职能部门统一负责应急准备管理，提高了工作的权威性和协调度，可以极大加强应急准备工作建设；其二，通过精简运行控制/运行指挥部门职责，提高了运行控制/运行指挥部门的运作效率，并加强了对其应急准备工作的监管，更能保证应急处置效率和效果；其三，各项应急准备工作，可以与其他工作，如安全管理等协同进行，提高工作效率，节省工作资源，增强工作效果。

当然，“管理分离”模式也存在诸如管理人员脱离业务、运作效率降低、改革难度大、具体工作分解困难等难点，但这些问题也会随着实践的不断深入，而采取新方式、新手段予以解决。

最终，从调研情况来看，无论哪种设置模式，各个机场均存在不同程度的人员力量配备不足的问题，支线机场更是没有专职人员，一般配备一名兼职人员开展相关工作。

但是，遗憾的是，目前并没有相关规章标准，明确应急管理人员需要配备的人数和资质要求。各机场人员配备情况，完全取决于机场领导对应急管理工作的重视程度。本书建议 4000 万级以上机场应该至少配备 4 名以上专职人员；2000 万 ~4000 万的机场应该至少配备 3 名以上专职人员；1000 万 ~2000 万的机场应至少配备 2 名以上专职人员；千万级以下机场至少应配备 1 名专职人员或 2 名兼职人员。如果该机场还兼管机场集团业务，根据机场集团所辖机场数量，至少应酌情增加 1~3 名人员。

示例/建议 3：航空公司

在应急管理工作领导机构之下，各航空公司也均设置了应急管理综合协调或管理部门，也配备了不同人数的专兼职工作人员。

经过调研，航空公司应急管理综合协调或管理部门一般有三种设置模式：独立设置无挂靠、独立设置挂靠、挂靠设置。

（1）独立设置无挂靠，是指独立设置应急管理综合协调或管理部门，具有单独的编制和部门。以川航为代表，其应急管理办公室为独立设置、独立编制，直接对公司领导负责，并统合国防动员相关工作。

（2）独立设置挂靠，是指独立设置应急管理综合协调或管理部门，可能具有独立编制，但不具有独立的部门，行政或机构上挂靠相关部门（一般为运行控制部门）。以东航为代表，其应急管理办公室具有独立编制，但在行政上挂靠在运行控制中心，主任由运控中心总经理兼任，有一名应急办副主任（专职），另由安监部副总经理、办公室副主任兼任应急办副主任。

（3）挂靠设置，是指应急管理综合协调或管理部门挂靠设置在相关部门（一般为运行控制部门）。以国航、南航为代表，其应急管理办公室设置在运行控制部门。

需要注意的是，以上内容对于国航、东航、南航等集团运作的公司而言，仅针对股份公司层面。在集团层面，东航集团应急办和东航股份应急办为“两块牌子，一套人马”；国航、南航等航空公司在集团层面上，均由航空安全管理部作为集团应急管理综合协调部门。

从调研情况来看，大部分航空公司均采取在运行控制部门挂靠设置的方式实现应急管理综合协调或管理部门，优势是将公司的运行控制与应急管理一体化运行，能实现“值守应急、信息汇总、综合协调，发挥运转枢纽作用”，提高运作效率。但是，缺点也非常明显：

第一，机构矮化，人员配备不足。

虽然在名义上应急办依托运行控制部门设置，代表公司行使应急管理职责，但是在实际运行中，很多公司的应急办已经矮化为运行控制部门之下的一个二级机构，编制、经费、考核等均由其决定。这就导致很多应急办长期处于人员不足的情况，大部分中小航空公司甚至某些大型航空公司到现在也没有专职人员负责应急工作。

第二，权责不匹配，难以发挥协调职能。

应急办的工作涉及单位的很多部门，需要很强的协调力度，但是运行控制部门作为运行单位，与其他部门处于平行甚至下位状态，难以发挥协调职能；而且结合上文，应急办已经矮化为一个科室单位，协调力度更弱。

第三，运行控制部门监督主体缺位，应急能力不足。

航空公司将应急管理综合协调或管理部门单独设置在运行控制部门，冀望其在承担运行职能的同时，做好日常管理及检查工作。这就造成了运行控制部门“既是运动员，又是裁判员”，自身缺乏有效监管，极易造成“灯下黑”现象，导致运行控制部门的应急工作得不到有效督促，应急能力严重不足。

出于对现实问题的改进，部分航空公司探索开展了体制改革过程，出现了上文提到的独立设置无挂靠和独立设置挂靠模式。

独立设置挂靠模式，以东航、吉祥航空、昆明航空为代表，一定程度提高了应急办的权威和协调力度，而且增加了独立的编制，与挂靠的运行控制部门仅为行政关系，业务上并未过多牵连，也保证了一定的独立性，其发展方向必然是独立设置无挂靠。

独立设置无挂靠模式，以川航为代表，是川航在“5·14”事件之后，对公司应急管理体制的重大变革。其独自设置的应急管理部门与国防动员、值班统一整合，进行一体化管理，实现应急管理的职能分离，彻底解决了运行控制部门“既是运动员，又是裁判员”的问题，提高了应急管理的权威和效果，监察和管理力度增强；同时，由于应急管理部门不再依托某个具体运行部门，其协调范围可以覆盖应急管理各个领域，除了部分特殊领域（如舆情事件、网络安全）之外，协调范围更广，是未来航空公司应急管理体制建设的新方向和标杆。

最后，从调研情况来看，各个航空公司均存在不同程度的人员力量配备不足的问题。绝大部分航空公司仅为2~4人，难以高质量完成相关工作；中小航空公司更是没有专职人员，一般由兼职人员开展相关工作。

但是，遗憾的是，目前并没有相关规章标准，明确应急管理人员需要配备的人数和资质要求。各航空公司人员配备情况，完全取决于公司领导对应急管理工作的重视程度。

通过调研发现，如果想高质量完成应急管理工作，一般来说。大型航空公司（国航、东航、南航、海航等）应该至少配备4名以上专职人员；中等规模航空公司（深圳航空、山东航空、厦门航空、四川航空等）应该至少配备3名以上专职人员；小规模航司（昆明航空、长龙航空等）至少配备2名以上专职人员。如果该航司为集团/股份合并运行，还兼管集团应急管理业务，至少应酌情增加1~2名人员。

示例/建议4：空管单位

为确保空管系统应急管理工作体系建设工作有序开展，民航局空管局在领导小组下设突发公共事件应急管理工作组，安全运行应急管理工作组和各专业专项工作组。

其中，突发公共事件应急管理工作组（组长为办公室主任），安全运行应急管理工作组（组长为安全管理部部长）为应急管理综合协调或管理部门。

突发公共事件应急管理工作组主要职责为落实领导小组各项工作部署，组织、指导空管系统突发公共事件应急管理工作体系建设，监督完善突发公共事件应急管理制度和预案体系建设，组织修订空管系统公共突发事件应急管理规定，组织制定突发公共事件应急工作计划，组织实施相关培训、检查和评估工作。

安全运行应急管理工作组主要职责为落实领导小组各项工作部署，组织、指导空管系统安全运行应急管理工作体系建设，监督完善安全运行应急管理制度和预案体系建设，组织制定空管系统安全运行应急管理规定，指导安全运行综合应急预案的编制和修订工作，组织制定应急工作计划，组织实施应急培训、检查和评估工作。

各地区空管局和分局（站）也参照民航局空管局，设置了相应领域的综合协调机构，一般突发公共事件应急管理工作由办公室综合协调，安全运行应急管理工作由安管部或运行管理中心综合协调（前者如华东空管局，后者如新疆管理局）。

最后，从调研情况来看，各个空管单位也存在不同程度的人员力量配备不足的问题。以安全运行应急管理工作为例，除部分地区管理局外，绝大部分空管单位没有专职应急管理人员，仅2到3人兼职从事相关业务，为了高质量完成应急管理工作，一般来说。地区空管局应急办至少配备3名专（兼）职应急管理人员，分局站至少配备2名专（兼）职应急管理人员，有条件的空管系统各单位，可配备适当数量的专职应急管理人员。

4.1.2.3　应急管理分管部门

无论何种领导机构设置模式，民航单位均应明确具体突发事件或应急管理活动的分管部门，由其负责本单位该突发事件领域或应急管理活动的应急预案的编制、评估、备案、培训和演练工作，负责该突发事件领域应急管理的日常工作，分管该突发事件的应急处置。

示例/建议 1：民航管理部门

以民航局为例，根据民航局各司局及至直属单位的业务分工，明确其分管应急管理的业务范围，具体见表 4-1。

表 4-1 民航局应急管理分管业务范围

司局及直属单位	分管专项	司局及直属单位	分管专项
综合司	组织协调	航空器适航审定司	航油供应企业
航空安全办公室	民航飞行安全与航空地面安全	机场司	民用机场应急救援工作
政策法规司	—	空管行业管理办公室	民航空中交通管理应急工作
发展计划司	民航航油供应	公安局	民航空防安全和民航局直属机场社会治安突发事件的应急工作
财务司	—	直属机关党委（思想政治工作办公室）	
人事科教司	民航重要网络信息安全	全国民航工会	—
国际司	—	空中交通管理局	民航局空管局所属单位应急工作
运输司	航空运输与通用航空企业	运行监控中心（民航局突发事件应急工作领导小组办公室）	日常管理；民用航空器搜寻援救协调工作
飞行标准司	公共卫生事件；突发事件民航医疗救护		

各地区管理局、监管局/运行办也参照民航局明确了各类突发事件或应急管理活动的分管部门。

总的来看，目前民航管理部门应急管理体制的问题主要出现在横向层面，各司局或处室的职责分工较为明确（即应急管理专项分管领域也较为明确），应急管理责任制情况落实良好，如何处理“统一领导”“综合协调”与“分类管理”之间的关系，是目前亟待解决的问题及民航应急管理体制的关键方向。

示例/建议 2：机场

在统一领导和综合协调下，根据具体突发事件类型，各机场基本上均进行了应急管理方面的专项分管工作及落实应急管理责任制。其中，白云机场具有典型代表性，具体见表 4-2。

表 4-2 机场应急管理专项分管部门（以白云机场为例）

部　门	分管专项
应急救援指挥中心（运行控制中心）	应急救援
运行控制中心	大面积航班延误；自然灾害
航务管理部	无人机等净空事件
动力保障分公司	供电；供水；排水
信息科技公司	生产运行信息系统；网络信息安全
空管设备公司	行李系统等重要运行设备
公共区管理部	公共区交通安全
机场公安局	与应急救援指挥中心共同管理各类非法干扰及扰乱事件
各区域管理部门	辖区内突发事件

示例/建议 3：航空公司

在统一领导和综合协调下，根据具体突发事件类型，各航空公司基本上均落实了应急管理方面的专项分管工作，以某大型航空公司为例，见表 4-3。

表 4-3 航空公司应急管理专项分管部门

部　门	分管专项	主要职责（节选）
应急管理办公室	航空安全	对航空安全突发事件的应急管理工作实施具体管理
办公室	地面交通运输事故、公共卫生、自然灾害	负责管理地面交通安全、公共卫生、自然灾害等领域的应急管理工作
安全管理部	生产安全等该领域	负责生产安全领域的应急管理工作
保卫部	空防、消防、内保	负责空防、消防、内保等领域的应急管理工作
宣传部	舆情事件	负责重大舆情等领域的应急管理工作
外事办	涉外、涉港澳台事件	负责涉外、涉港澳台事件的应急管理工作
运控中心	运行危机	负责运行危机事件的应急管理工作
……	……	……

示例/建议 4：空管单位

以安全运行应急管理工作为例，民航局空管局在安全运行应急管理工作组下设有管制、通导、气象和协调处置四个专项工作组，分别承担管制、通导、气象和协调方面的具体工作和任务。

管制专项工作组由民航局空管局空中交通管制部牵头，主要任务是落实领导小组工作部署，组织管制情报专业应急管理工作体系建设。

通导专项工作组由民航局空管局通信导航监视部牵头，主要任务是落实领导小组各项工作部署，组织通信导航监视专业应急管理工作体系建设。

气象专项工作组由民航局空管局气象服务部牵头，主要任务是落实领导小组各项工作部署，组织气象专业应急管理工作体系建设。

协调处置专项工作组由民航局空管局运行管理中心牵头，主要任务是落实领导小组各项工作部署，组织民航局空管局综合应急预案的编制和修订工作，建立空管局总部应急组织指挥架构和方案等。

各地区空管局与分局（站）对于应急管理专项分管部门设置较为类似。即，空中交通管制部（地区空管局）/综合业务部（分局站）分管管制业务方面的应急工作、通信导航监视部（地区空管局）/综合业务部（分局站）分管通导设备方面的应急工作，气象部（地区空管局）/综合业务部（分局站）分管气象方面的应急工作，办公室分管综合安全和网络安全方面的应急工作；一般均设置了分管领导和具体负责人员（基本为兼职）。

4.1.2.4 运行管理和保障部门

运行管理和保障部门应切实履行本单位应急管理主体责任，建立健全本单位应急管理责任制，完善本单位应急管理组织机构和人员配备，完善本单位应急预案。

运行管理和保障部门主要负责人为本单位的应急管理第一负责人，对本单位应急管理工作负总责。

运行管理和保障部门应明确一名应急管理分管负责人，协助主要负责人开展本单位应急管理工作。

运行管理和保障部门应明确本单位的应急管理分管机构，负责组织、落实本单位应急管理工作体系建设工作，并配备至少一名专（兼）职应急管理人员。

建议：运行管理和保障部门具体应急管理职责

建议如下：

（1）建立与本单位职责相一致的应急管理工作体系，各单位职责主要包括本单位生产运营过程中、管辖范围内各类突发事件的应急管理工作以及民航单位整体应急处置工作中赋予本单位的应急处置任务。

（2）建立健全本单位应急管理工作体系，完善本单位应急管理组织机构和人员配备。

（3）加强应急管理工作，建立、健全应急管理工作责任制，各单位主要负责人对本单位的应急管理工作全面负责；各单位其他领导及人员依据分工和职责承担相应的应急管理职责。

（4）针对本单位可能发生的突发事件的特点和危害，进行风险辨识和评估，制定相应的突发事件应急救援预案，并向本单位从业人员公布。

（5）积极组织开展应急预案的培训和演练，并持续改进。

（6）建立本单位专（兼）职救援队伍，按标准完善救援设施设备建设工作；根据工作需要，与民航单位范围内或地方的专业救援力量对接，建立应急联动机制。

（7）做好本单位区域、业务范围内突发事件的报告、处置和善后工作；积极参与民航单位范围内各类突发事件的应急处置与救援工作。

（8）涉及业务外包的单位在落实本单位应急管理主体责任时，明确规定本单位应急管理主体责任不因业务外包而转移。

4.1.2.5 职能部门

参照SMS体系建设要求，民航单位管理职能部门，包括人力、财务、投资、资产与法律等行政部门的负责人是其部门的第一应急管理责任人，应在其岗位职责中明确其负责的应急管理方面的责任义务。

民航单位的职能部门应本着“安全第一”的原则，协调解决安全工作（包含应急工作）与业务工作、安全生产（包含应急工作）与经营发展之间的矛盾，确保安全投入（包含应急投入）和安全计划（包含应急计划）的有效实施。

4.1.2.6 科室、班组

运行管理、保障部门科室、班组负责人承担本科室、班组应急工作的直接管理责任，其职责包括但不限于：

（1）落实科室、班组内部各级人员的应急责任，将各项应急工作责任到人，明确内部各级人员的应急职责、工作区域或范围、工作要求和标准；

（2）组织学习应急管理工作体系知识，开展经常性应急教育培训；

（3）在科室、班组层级推进落实民航单位各项应急管理工作体系建设。

4.1.2.7 员工

员工处于运行生产的基层和一线，是应急规章的执行者和运行保障的操作者。

员工应认真学习理解应急管理工作体系的理念、要素，积极主动地参与应急管理工作体系的建设，落实所在岗位的应急责任。

4.1.2.8 合约方

民航单位合约方指除与民航单位签署协议，并为民航单位提供服务或在民航单位长期或临时工作的单位或个人。

民航单位应通过政策清晰地确定应急责任义务以及民航单位和合约方之间的授权流程；涉及合约方的民航单位，应按照以下规范做好合约方的应急管理工作：

（1）本单位应急管理主体责任不因合约而转移；

（2）在本单位应急预案中明确与合约方在应急管理中的职责分工、响应要求和处置规范；

（3）负责组织、督促合约方建立健全应急处置预案，并纳入本单位应急预案体系中；

（4）负责对合约方的应急预案、演练、培训、物资管理等工作进行监督检查；

（5）不定期对合约方的应急响应、应急处置开展演练和测试。

4.1.3 指挥体系

指挥体系是指民航单位按照有关法律规章要求，在管理体制的规范下，针对具体突发事件而临时搭建的统一指挥、专业支持、快速反应、分工协作、高效处置的应急指挥组织架构和权责分工。

有资质要求的指挥岗位，其配备的指挥人员应该符合相关资质要求。

建议/示例1：民航管理部门

根据《中国民用航空局应对突发事件总体预案》的要求：

（1）启动Ⅰ级应急响应时，民航局成立应急处置指挥部，民航局领导任指挥长；相关地区管理局成立分指挥部；民航局派出工作组与相关地区管理局、监管局共同成立现场指挥部。

（2）启动Ⅱ级应急响应时，民航局成立应急处置指挥部或应急处置指导小组，民航局领导或其指定人员任指挥长或组长；相关地区管理局成立指挥部或分指挥部；相关监管局成立现场指挥部，民航局、地区管理局视情派出人员参加现场指挥部工作。

（3）启动Ⅲ级应急响应时，相关地区管理局成立应急处置指挥部，地区管理局领导任指挥长；相关监管局成立分指挥部或现场指挥部。

（4）启动Ⅳ级应急响应时，相关地区管理局成立应急处置指挥部或应急处置指导小组，地区管理局领导或其指定人员任指挥长或组长；相关监管局成立现场指挥部或指挥部。

建议/示例2：机场

根据《国际民航公约 附件14—机场》的要求：

“应急行动中心和指挥所

9.1.7 建议：在紧急情况期间，应有一个固定的应急行动中心和一个机动的指挥所。

9.1.8 建议：应急行动中心应是机场设施的一部分，负责对紧急情况应答驰救的全面协调和总指挥。

9.1.9 建议：指挥所应是能在需要时迅速转移到紧急情况现场的一个设施，并对前来应答紧急情况的那些单位进行现场协调。

9.1.10 建议：应指定一人负责应急行动中心的控制，并在适当时指定另一人负责指挥所。”

所谓“应指定一人负责应急行动中心的控制”即指“总指挥机构与人员”，侧重于应急决策与协调；“并在适当时指定另一人负责指挥所”即指“现场指挥机构与人员”，侧重于处置现场的指挥与处置。

需要注意，机场应急指挥体系与相关单位应急指挥体系的衔接。以“机场应急救援管理体系”为例，根据《民用运输机场突发事件应急救援管理规则》第六条“在地方人民政府领导下、民用航空管理部门指导下，机场管理机构负责机场应急救援预案的制定、汇总和报备工作，同时负责发生突发事件时机场应急救援工作的统一指挥。

参与应急救援的单位和个人应当服从机场管理机构的统一指挥。”

机场应急指挥机构接受地方政府的领导，主要负责机场职责范围内的救援活动，及时将事件信息及救援信息报告至地方政府相关机构，并及时提出救援需求。如果地方政府派驻机场应急指挥人员，按要求移交指挥权。

机场应急指挥机构接受民航局、管理局及监管局的指导，向其汇报机场救援进展，并及时提出救援需求。除民航管理部门明确要求接管现场指挥权的情况外，机场指挥机构一般无须向民航管理部门应急指挥机构移交指挥权，仅接受其监督、指导和协调。

机场应急指挥机构对机场及驻场单位实施统一组织和协调，驻场单位应急指挥机构应在民航管理部门的督导下，主动与机场应急指挥机构对接，纳入机场应急指挥体系；在总指挥部、现场指挥部的组织指挥下，开展机场范围内的应急处置工作。

1. 总指挥机构与人员

总指挥机构与人员一般被称之为总指挥部和总指挥。

（1）总指挥。处置具体突发事件时，在机场相关应急管理工作领导机构的统一领导下，机场主要负责人为机场应急总指挥，并在处置过程中成立总指挥部作为机场应急处置工作的最高指挥机构。根据不同的响应级别，总指挥可分别授权机场相关领导担任；低响应等级时，可由职级更高的领导担任总指挥。

根据法律法规要求，机场总指挥接受政府等上级指挥机构的领导，接受民航管理部门的指导。

一般情况下，当地方政府、民航管理部门有关领导或其指挥机构到达机场时，总指挥在其统一部署下开展工作，向其汇报需协调解决的问题，并根据其要求分时段、分区域向其移交相关指挥权。

（2）总指挥部。机场总指挥部在总指挥的统一领导下，负责应急处置工作的总体指挥调度、重大问题决策、对外联动协调、机场运行秩序调整以及除现场处置外其他应急工作的组织指挥。

不同响应等级时，总指挥部应具有不同的组织形式和运作机制，以适用具体突发事件的处置需求。

2. 现场指挥机构与人员

现场指挥机构与人员一般被称之为现场指挥部/现场指挥所和现场总指挥/现场指挥官。

需要注意的是，如机场需要不在事发现场的位置开展相关处置工作，也应视情设立或指定相关指挥机构与人员，相关要求可参考本部分内容。

（1）现场总指挥/现场指挥官。处置具体突发事件时，在机场相关应急管理工作领导机构的统一领导和总指挥的统一指挥下，现场总指挥/现场指挥官是事件处置现场的最高指挥官，主要负责突发事件应急处置与处置现场的组织指挥工作，对总指挥负责。

一般情况下，现场总指挥/现场指挥官不负责处置现场外其他区域、其他事项的组织指挥和协调工作。

如总指挥到达突发事件处置现场，现场总指挥/现场指挥官向总指挥汇报处置情况，落实总指挥有关决策和指令。原则上，现场处置活动的组织指挥工作仍由现场总指挥/现场指挥官直接负责。

现场总指挥/现场指挥官根据不同的响应级别，可分别由机场或相关单位领导担任。

（2）现场指挥部/现场指挥所。现场指挥部/现场指挥所是各现场处置单位在事件现场的联合指挥场所，负责组织各单位对突发事件现场险情进行处置。

现场指挥部/现场指挥所由现场总指挥/现场指挥官统筹负责，由各单位现场指挥人员共同组成。

3. 各单位指挥机构与人员

各单位应参照机场应急指挥体系，指定一名指挥官和现场指挥人员，并指定各单位运行控制或值班部门为本单位的指挥部门，与机场指挥机构直接对接。

各单位现场指挥人员负责组织、调集本单位处置力量和资源，赶赴处置现场，加入现场指挥部/现场指挥所；按照本单位职责或现场总指挥/现场指挥官的指令，指挥本单位的处置力量和资源，牵头或参与相关应急处置活动。

各单位指挥官在本单位指挥部门或加入总指挥部，按照本单位职责或总指挥的指令，统筹组织、协调、调用本单位的力量和资源，支持本单位或外单位开展相关处置活动。如指挥官离开本单位，加入总指挥部，需另指定人员负责本单位指挥部门的具体运作。

各单位指挥官与指挥部门的具体运行模式和规范，由各单位根据自身运行实际自行制定，并报机场相关应急管理部门备案。

建议/示例3：航空公司

以某大型航空公司为例，航空公司应急指挥体系由总指挥部、分指挥部、行动组、现场工作组等机构组成。

1. 总指挥部

在公司应急管理工作领导机构的统一领导下，公司主要负责人为应急总指挥，并在处置过程中成立总指挥部作为应急处置工作的最高指挥机构。根据不同的响应级别，总指挥可分别授权公司相关领导担任；低响应等级时，可由职级更高的领导担任总指挥。

高响应等级时，公司各单位按照中的职责分工，在履行各自职责的基础上，由总指挥指令集结成立以下两个工作大组：协调保障大组和危机处置大组，各大组下辖若干工作组，工作组按需派出行动小组，与分指挥部汇合后成立现场工作组。

协调保障大组由公司领导任组长，下辖信息协调组、财务保险组、法律支持组、安全保卫组、后勤保障组五个工作组。

危机处置大组由公司领导任组长，下辖航空器处置组、家属援助组、公共关系组、事故调查组四个工作组。

低响应等级时，根据实际需要，以公司现有行政单位为处置单元，在应急指挥中心集中相关职能部门和运行单位成立总指挥部，各单位按照本单位职责共同处置，一般不再设置工作组。

2. 分指挥部

分指挥部负责职权范围内应急指挥工作。通常情况下，执飞单位，事发地、起飞机场、目的地机场、经停机场最近的分公司、营业部、航站，按照处置需要成立应急分指挥部。

3. 行动组

行动组是总指挥部为了快速、有效开展事件处置现场工作，而由各工作组或各单位派出的处置力量。行动组到达现场后，与现场分指挥部汇合成立现场工作组。

行动组由一个或若干行动小组组成，行动小组由总指挥部各工作组或各单位抽调人员派出。

行动小组一般包括航空器处置行动小组、家属援助行动小组、客货处置行动小组、安全保卫行动小组、后勤保障行动小组、公共关系行动小组、事故调查行动小组、财务保险行动小组、法律支持行动小组。

高响应等级时，总指挥部视情可派出多路行动组，协同事发地、起飞机场、目的地机场、经停机场分指挥部，成立各处现场工作组。

其他响应等级时，根据处置需要，总指挥部派出一个或若干必要行动小组组成行动组到达现场，开展现场应急处置工作。

4. 现场工作组

现场工作组由行动组、分指挥部派出现场人员共同组成，统筹负责事件处置现场的各项应急处置工作，受总指挥部直接指挥。

现场工作组在组长的指挥下，各项具体工作由构成工作组的各行动小组实施（总指挥部派出行动组时）或参照行动小组职能组建相关机构实施（总指挥部未派出行动组时）。

建议/示例4：空管单位

以某地区空管局安全运行突发事件应急指挥体系为例。

1. 总指挥部

总指挥是局应对安全运行突发事件的最高决策和指挥人员，统筹负责应急处置工作。

按照响应级别，总指挥由局长或经其授权的党委书记、分管副局长、值班局领导担任，主要负责应急处置的总体组织指挥工作。

事件发生后，一般由局值班领导担任临时总指挥，负责事态研判、先期处置与信息报告等活动的统一指挥。

总指挥部是局应对安全运行突发事件的最高决策和指挥机构，在总指挥的领导下，负责事件处置的总体指挥调度、重大问题决策以及除现场处置外其他应急救援保障工作的组织指挥。

总指挥部在Ⅰ级或Ⅱ级响应时应当成立；Ⅲ级响应时，视情成立总指挥部或总指挥可按需以召开应急协调会议的方式，统筹跨部门支援及资源调用工作；Ⅳ级响应时，不需成立总指挥部。

总指挥部视情包括若干功能小组，主要有指挥协调组（应急办公室）、管制情报组（空管部、空管中心、飞服中心、各分局（站））、通信导航监视组（通导部、设备维修中心、技术保障中心、设备运行监控中心、通信网络中心、各分局（站））、气象服务组（气象部、气象中心、各分局（站））、后勤保障组（办公室、后服中心、各分局（站））和其他功能组等。

2. 现场指挥部

现场指挥部是各应急处置单位在处置现场的联合指挥机构，负责对事件进行处置，控制现场事态，降低事件对空管运行的影响。

一般情况下，现场指挥部根据处置需要，视情设立。并且，根据事件性质和后果，可设置多个现场指挥部（如管制中心、事发分局（站）、故障设备现场等）协同运作。

现场指挥部由现场总指挥负责，其下可根据处置需要，设置相关处置小组。局所在地设置现场指挥部时，Ⅰ、Ⅱ级响应，现场总指挥一般由分管局领导或值班局领导担任；Ⅲ级响应，由处置现场单位主要领导或其授权人担任；分局（站）设置现场指挥部时，分局（站）指挥部即局现场指挥部，现场总指挥由分局（站）总指挥兼任。

3. 组建程序

（1）当局所在地发生Ⅰ级或Ⅱ级突发事件时，领导小组应立即决策，成立总指挥部，由局长或其授权人担任总指挥，各部门按专业迅速集结成各应急处置小组加入指挥部。视情成立现场指挥部，局分管领导或值班领导赶赴现场指挥部指导现场处置工作。

（2）当分局（站）发生Ⅰ级、Ⅱ级突发事件时，领导小组应立即决策，成立应急指挥部，由组长担任总指挥，各部门按专业迅速集结成各应急处置小组加入总指挥部；由分局（站）领导和相关部门组织指挥现场处置工作。

（3）Ⅲ级响应时，由分管局领导或局值班领导担任总指挥，不成立总指挥部，由事发单位或各空管分局（站）组织现场应急处置工作，总指挥按需召开应急协调会议，统筹组织全局处置工作。

（4）Ⅳ级响应时，不设总指挥、总指挥部和现场指挥部，由事发基层单位组织处置，相应单位或空管分局（站）统筹协调。

4.2 资源管理

资源管理概述了民航单位各领域应急管理工作体系建设的各项资源管理活动，以为各项应急管理工作的顺利实施提供充分的设备、设施、系统、物资、队伍、经费等资源保障与制度保证。

资源管理分为应急设施、设备、系统与物资，应急队伍，经费保障，协议支援力量，知识资源，制度保证六项建设内容，具体内容见图4-3。

培训、演练等重点工作的资源管理活动在满足本部分内容要求的基础上，具体建设要求参见后续章节相关内容。

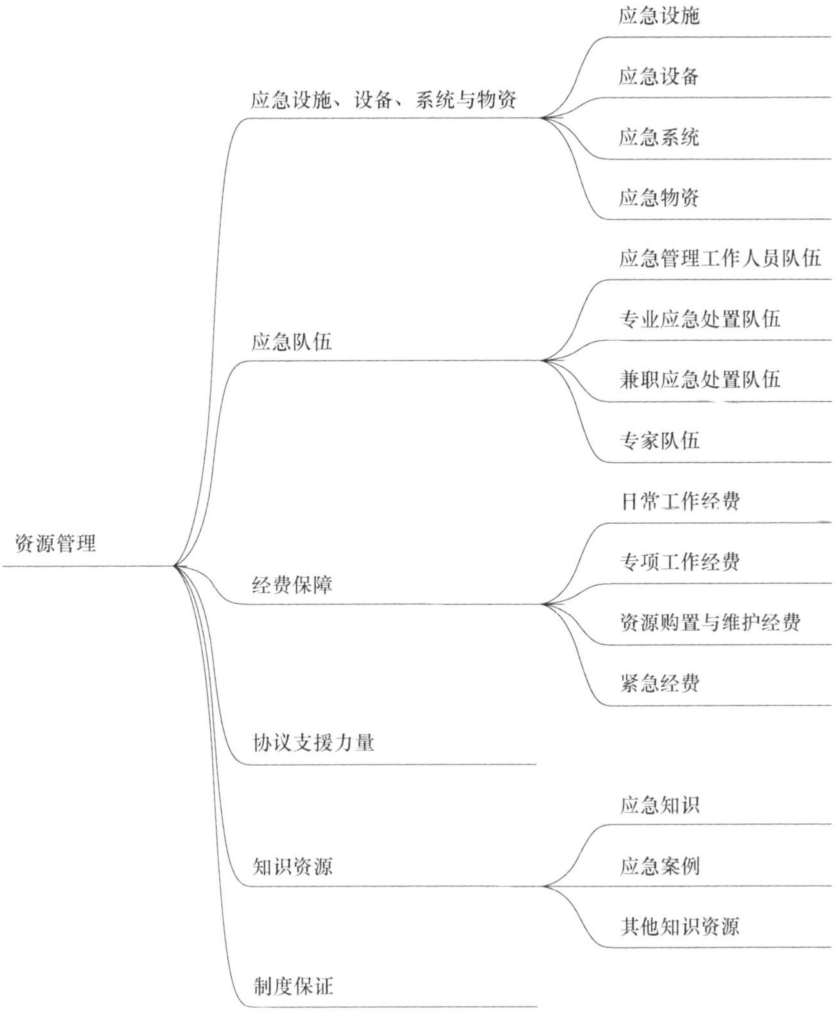

图4-3　“资源管理”部分要素概览

4.2.1　应急设施、设备、系统与物资

在每个具体突发事件应急管理领域，民航单位均应根据有关规章标准要求以及本单位应急处置需要，配备与本单位应急管理职责相匹配的设施、装备、系统与物资等资源，保证其在民航单位运行期间始终处于适用状态。

4.2.1.1　应急设施

应急设施，是指具备应急功能的场所或区域，典型的如消防站、急救站等。

示例：以机场应急救援为例

机场需要按照《民用航空运输机场飞行区消防设施》，根据自身消防救援等级，配备机场飞行区消防设施；按照《民用运输机场应急救护设施配备》，根据自身应急救护等级，配备应急救护设施。

如白云机场，其消防保障等级为最高级10级，根据实际的应急救援需求共设置1个消防主站，4个消防分站，并且为了满足飞行区消防设施的配置要求，白云机场在飞行区有廊桥的每个停机位均设置1套灭火器材；应急救护保障等级为10级，根据实际的应急救援需求共设置急救站点12个，其中急救中心主站（急救中心）1个，航站楼急救室10个，消防2分站急救点1个，设置于飞行区内消防2分站，在飞行区内发生航空器突发事件时与消防车辆同时出动，提高应急救援效率。

4.2.1.2　应急设备

应急设备，是指具备应急功能的机具器材，典型的如消防车、救护车、应急救援指挥车、对讲机等。

示例：以机场应急救援为例

机场需要按照《民用航空运输机场消防站消防装备配备》的要求，根据自身消防救援等级，配备机场各类消防车、指挥车、破拆车等消防装备的配备，并保证其在机场运行期间始终处于适用状态。图4-4为某机场消防车配备情况。

	☐	车辆名称	车牌号	车型	功能	品牌	所属中队	所在消防站
1	☐	12号车	—	快速调动车		豪仕科	消防中心	消防中心
2	☐	2号车	—	主力泡沫车		豪仕科	消防中心	消防中心
3	☐	3号车	—	主力泡沫车		德国MAN	消防中心	机坪消防执勤点
4	☐	9号车	—	重型泡沫车		庆铃	消防中心	机坪消防执勤点
5	☐	7号车	—	干粉车		皮尔斯	消防中心	消防中心
6	☐	11号车	—	破拆抢险车		豪沃	消防中心	消防中心
7	☐	5号车	—	重型泡沫车		斯太尔	消防中心	消防中心
8	☐	1号车	—	主力泡沫车			消防中心	消防中心
9	☐	10号车	—	保障车		庆铃	消防中心	消防中心
10	☐	8号车	—	火场照明车		庆铃	消防中心	消防中心
11	☐	通信指挥车	—	通信指挥车		大众途观	消防中心	消防中心

图4-4　某机场消防车配备情况（节选）

机场需要按照《民用运输机场突发事件应急救援管理规则》的要求，根据机场航空器年起降架次，配置与机场所使用航空器最大机型相匹配的残损航空器搬移设备，并在机场运行期间保证其完好适用。图 4-5 为某机场残损航空器搬移设备配备情况。

	☐	名称	规格（功能）	数量	单位	可用数量	存放位置
1	☐	搬移资源	规格				消防中心
2	☐	钢板	各种	28	块		消防楼应急物资仓库
3	☐	柔性活动道面	6*6卷	36	m		消防楼应急物资仓库
4	☐	刚性活动道面	1.22*2.44*89块	108	m		消防楼应急物资仓库
5	☐	航空器牵引挂具B737	B737-300/600/700/800	1	套		机务维修公司仓库
6	☐	航空器牵引挂具A320	A320-200/319-100	1	套		机务维修公司仓库
7	☐	航空器牵引挂具MD82	MD82/90	1	套		机务维修公司仓库
8	☐	航空器牵引挂具B767	B767/B777	1	套		机务维修公司仓库

图 4-5 某机场残损航空器搬移设备配备情况（节选）

4.2.1.3 应急系统

应急系统，是指具备应急功能的信息系统，典型的如应急指挥系统等。

建议/示例：

建议有条件的民航单位可以开发应急管理信息系统，实现应急指挥及相关日常管理工作的信息化，提高应急指挥和应急管理效率。图 4-6、图 4-7 为某机场的应急管理信息系统，能实现值班管理、应急值守、应急指挥、复盘分析、应急预案管理、应急培训管理、应急演练管理、应急资源管理等指挥和管理功能。本部分的相关截图均来源于该系统。

图 4-6 某机场应急管理信息系统的“应急值守”模块

	器材类型	名称	单位	数量
1	训练器材	两节拉梯	把	4
2		挂钩梯	把	2
3		单杠梯	把	4
4		水带	m	1500

图 4-7　某机场应急管理信息系统的“应急资源”模块

4.2.1.4　应急物资

应急物资，是指具备应急功能的物质资料，典型的如沙袋、消防泡沫、药品针剂等。

示例：以机场防汛为例

图 4-8 为某机场配备的防台防汛物资。

	名称	标准数量	单位	可用数量	所属部门	所属数量	位置
1	专用沙袋	1500	只		应急管理部		
2	篷布	15	块		应急管理部	15	
3	雨衣	60	套		应急管理部	60	
4	雨靴	80	双		应急管理部	80	
5	沙子	5	m^3		应急管理部	5	
6	木方	30	条		应急管理部	30	
7	木板	30	块		应急管理部	30	
8	排水泵（300立方米/小时）	1	台		运行管理部	1	飞行区外
9	移动式排水泵（5-50立方米/小时）	14	台		运行管理部	14	飞行区外
10	固定式排水泵（3立方米/秒/台）	4	台		运行管理部	4	飞行区雨水泵站

图 4-8　某机场防台防汛物资（节选）

图 4-9 为某空管单位办公楼配备的防汛物资。

序号	物品	数量	存放位置
1	水桶	3 只	格子间文件柜
2	雨披	4 套	格子间文件柜
3	雨鞋	2 双	格子间文件柜
4	安全帽	3 顶	格子间文件柜
5	手套	若干	格子间文件柜
6	防水布	若干	格子间文件柜
7	雨伞	3 把	格子间文件柜
8	应急灯	2 只	会议室
9	救援队伍	1 名义务消防员、1 名义务急救人员，其他人员为后备救援力量	

图 4-9 某空管单位防汛物资（节选）

4.2.2 应急队伍

应急队伍一般包括应急管理工作人员队伍、专业应急处置队伍、兼职应急处置队伍和专家队伍四类。

在每个具体突发事件应急管理领域，民航单位均应根据有关规章标准要求以及本单位应急处置需要，配备足够的、符合资质要求的各类应急队伍，保证专业应急处置队伍在民航单位运行期间始终处于在岗适用状态。

4.2.2.1 应急管理工作人员队伍

应急管理工作人员队伍，是指民航单位直接从事应急管理工作的专兼职人员。

4.2.2.2 专业应急处置队伍

专业应急处置队伍，是指民航单位专业从事应急救援和处置相关的专职人员，典型的如专职消防队伍、专职应急救护队伍等。

示例：以机场应急救援为例

机场需要按照《民用航空运输机场消防站消防装备配备》的要求，根据自身消防救援等级，配备足够且符合资质的消防队伍。某机场消防队伍见图 4-10。

机场需要按照《民用运输机场应急救护设施配备》的要求配备机场医疗急救设备、医疗器材及药品、医疗救护人员，并确保机场医疗急救设备、医疗器材及药品在机场运行期间始终处于适用状态和使用有效期内，符合自身应急救护保障等级的要求。某机场应急救护队伍见图 4-11。

消防队伍

查询 新增 导出

岗位： 所属中队：

	姓名	岗位	所属部门	所属消防站
1	×××	消防指挥员	消防中心	消防中心
2	×××	消防指挥员	消防中心	消防中心
3	×××	消防指挥员	消防中心	消防中心
4	×××	消防指挥员	消防中心	消防中心
5	×××	消防指挥员	消防中心	消防中心
6	×××	消防指挥员	消防中心	消防中心
7	×××	消防驾驶员	一班组	消防中心
8	×××	消防驾驶员	一班组	消防中心
9	×××	消防驾驶员	一班组	消防中心
10	×××	消防驾驶员	一班组	消防中心

图 4-10　某机场消防队伍（节选）

应急救护人员

查询 新增 导出

名称： 岗位：

	名称	岗位	
1	×××	医生	医疗急救室
2	×××	医生	医疗急救室
3	×××	医生	医疗急救室
4	×××	护士	医疗急救室
5	×××	护士	医疗急救室

图 4-11　某机场应急救护队伍（节选）

4.2.2.3　兼职应急处置队伍

兼职应急处置队伍，是指民航单位根据规章标准或处置需要，由符合条件人员兼职组建的应急处置队伍，典型如航空公司的家属援助队伍以及各单位的义务消防员等。

备注：

兼职应急处置队伍的人员应该相对固定，民航单位应组织其开展符合要求的培训或演练工作，或取得相应资质。应急处置时，临时征召或调用的人员，不应算作兼职应急处置队伍。

4.2.2.4　专家队伍

专家队伍，是指由民航单位成立，为突发事件应急处置工作提供决策建议及参与日常应急管理工作体系建设工作的专家团队，也可称之为“专家组”。

示例：民航局应急管理专家组

如根据《民航局应急管理专家组成员聘用与管理办法》（AP-397-GO-2013-01），民航局应急管理专家组是为民航应急工作重大决策和重要工作项目提供专业技术支持和咨询服务，为民航局应对或参与应对各类突发事件提供技术支持的高级技术专家队伍。

专家组的主要任务是接受民航局突发事件应急工作领导小组办公室的委派，参与起草民航应急工作的政策、规章、标准、规划、预案及其他重要文件；参与研究民航应急工作重大问题与重要课题；为民航管理部门应对各类突发事件提供技术咨询；参与调查、评估各类突发事件应对工作；协助开展民航应急管理科普宣教工作等。

专家组由民航局应急办根据工作需要，选聘航空安全管理、事故调查、民用航空法规、民航投资与财务管理、航空运输管理与市场服务、通用航空管理、飞行标准、客舱安全管理、航空医学、适航管理、机场应急救援、空中交通管理、通信导航、航空气象、空防安全管理、民航运行管理、宣传报道等相关专业人员组成。

4.2.3 经费保障

经费保障是民航单位各项应急管理工作顺利开展及有效实施应急救援工作的前提，没有可靠的资金渠道和充足的应急经费，就无法保证有效开展应急处置工作和维护应急管理工作体系正常运转。

民航单位应建立应急经费保障机制，明确日常工作经费、专项工作经费、资源购置与维护经费、紧急经费等各类应急经费的规模、来源、使用和监管等活动。

4.2.3.1 日常工作经费

日常工作经费，是指民航单位用于本单位的日常应急管理工作。主要用途包括制作相关文件材料；编制、修订、印发应急预案；购买应急方面的非固定资产零星物资或资料等。

4.2.3.2 专项工作经费

专项工作经费，是指民航单位根据自身实际需求，用于开展应急相关的培训、演练、咨询、技术服务、系统开发等工作。

4.2.3.3 资源购置与维护经费

资源购置与维护经费，是指民航单位用于购置和维护应急设施、设备、系统与物资等资源的费用。

4.2.3.4 紧急经费

紧急经费，是指民航单位为应对重大突发事件或善后需要，而需要紧急筹措和募集资金，如灾难保障金等。

示例：

如青岛空管站每年除日常工作经费外，均安排一定数额的专项工作经费，用于与第三方合作开展应急管理咨询与培训工作。

4.2.4 协议支援力量

在每个具体突发事件应急管理领域，民航单位均应根据有关规章标准要求以及本单位应急处置需要，全面调查和掌握上级单位、当地政府及周边企业可提供的应急资源，并与有关单位签订支援协议，同时做好记录、复核、变更等管理工作，并适时邀请相关协议支援单位参与相关培训和演练活动，以达到磨合机制、熟悉流程的目的。

示例：以机场应急救援为例

《民用运输机场突发事件应急救援管理规则》第二十三条规定“机场管理机构应当与

地方人民政府突发事件应对机构、消防部门、医疗救护机构、公安机关、运输企业、当地驻军等单位签订机场应急救援支援协议，就机场应急救援事项明确双方的职责。

……

在地方人民政府突发事件应急救援预案中已明确机场突发事件地方政府各部门、企事业单位及驻军的职责和义务时，可不签署支援协议，但本规则规定的协议内容应在相关预案中明确。机场管理机构应当获知支援单位的救援力量、设施设备、联系人、联系电话等信息。”

某机场应急救护支援单位相关内容（节选）见图4-12。

附录3 应急救护支援单位的有关内容

种类 单位	类型	床位（张）	副高以上职称（人）	距离（km）	联系电话	意向收治病种
—	三甲综合医院	1600	421	9.4（直线） 13.9（车程）	—	1、心脑血管系统疾病 2、呼吸系统疾病 3、其他
—	三甲综合医院	2100	541	10.3（直线） 16.0（车程）	—	1、传染性疾病 2、烧伤类疾病 3、其他
—	三甲综合医院	1350	385	9.9（直线） 15.4（车程）	—	1、外伤类疾病 2、其他
—	三甲妇女儿童医院	952	328	8.5（直线） 12.9（车程）	—	1、孕妇及儿童病患（除传染病外） 2、其他

图4-12 某机场应急救护支援单位（节选）

4.2.5 知识资源

知识资源是民航单位顺利开展应急管理工作体系建设工作的无形支撑，能为各项应急管理工作提供智力、技术和信息保障，主要包括应急知识、应急案例、其他知识资源等类型。

民航单位可以采取印制书籍、分发材料、张贴图表等形式使用各类知识资源，推荐有条件的民航单位，开发应急知识库、案例库等信息系统，能极大地提高应急知识、应急案例等知识资源的收集、整理、查阅效率，提升使用效能。

4.2.5.1 应急知识

应急知识包括与应急管理有关的概念、术语、理论、方法、技术、流程、文件、图纸、信息等有形的或无形的资源。

示例：知识库（机场）框架及某机场应急管理信息系统中的“应急知识”模块

笔者建立的知识库（机场）框架（见图4-13）及某机场应急管理信息系统中的“应急知识”模块（见图4-14），其他单位可以参考。

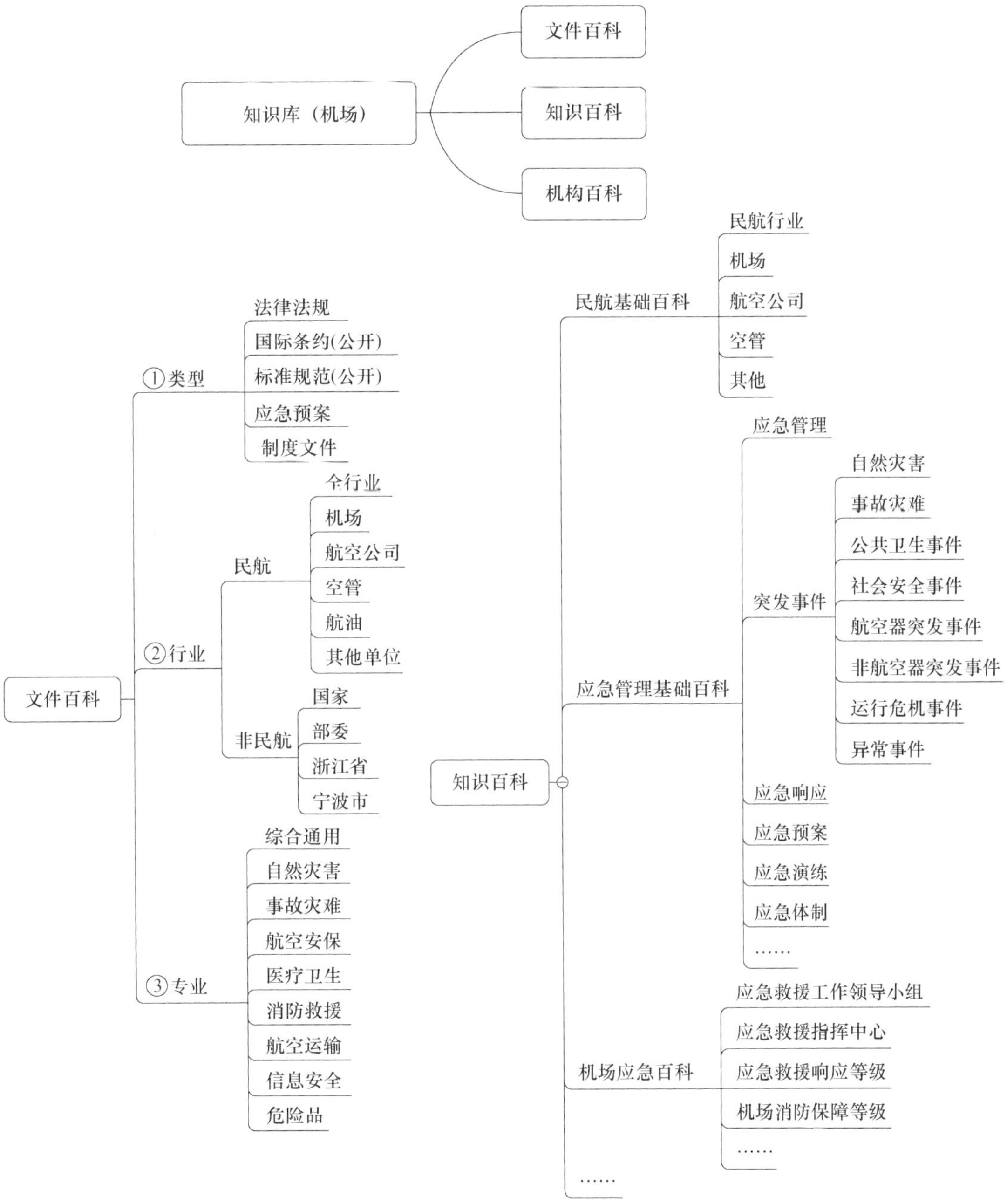

图4-13 知识库（机场）框架

图 4-14　某机场应急管理信息系统中的“应急知识”模块

4.2.5.2　应急案例

民航单位应收集本场或其他单位发生过的各类突发事件应急处置案例或应急管理案例，以供民航单位相关人员参考借鉴。

示例：某机场应急管理信息系统中的“应急案例”模块

某机场应急管理信息系统中的“应急案例”模块见图 4-15。

图 4-15　某机场应急管理信息系统中的“应急案例”模块

4.2.5.3　其他知识资源

其他知识资源包括本单位与应急相关的专利、版权、商业秘密、技术流程、管理流程、课件、试题等。

示例：

某机场应急管理信息系统中的“试题管理”模块中的试题资源见图 4-16。

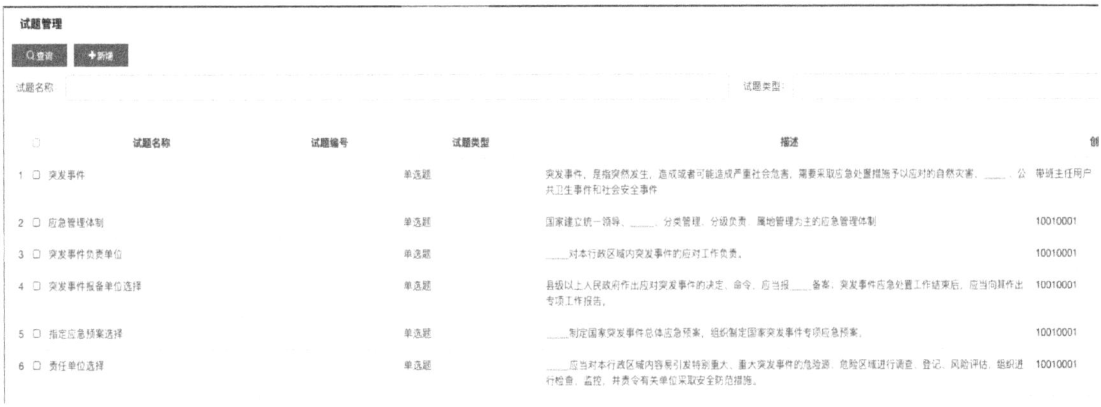

试题管理

Q查询　+新增

试题名称：　　试题类型：

		试题名称	试题编号	试题类型	描述	创
1	☐	突发事件		单选题	突发事件，是指突然发生，造成或者可能造成严重社会危害，需要采取应急处置措施予以应对的自然灾害、_____、公共卫生事件和社会安全事件	带班主任用户
2	☐	应急管理体制		单选题	国家建立统一领导、_____、分类管理、分级负责、属地管理为主的应急管理体制	10010001
3	☐	突发事件负责单位		单选题	_____对本行政区域内突发事件的应对工作负责。	10010001
4	☐	突发事件报备单位选择		单选题	县级以上人民政府作出应对突发事件的决定、命令，应当报_____备案；突发事件应急处置工作结束后，应当向其作出专项工作报告。	10010001
5	☐	指定应急预案选择		单选题	_____制定国家突发事件总体应急预案，组织制定国家突发事件专项应急预案。	10010001
6	☐	责任单位选择		单选题	_____应当对本行政区域内容易引发特别重大、重大突发事件的危险源、危险区域进行调查、登记、风险评估，组织进行检查、监控，并责令有关单位采取安全防范措施。	10010001

图 4-16　某机场应急管理信息系统中的“试题管理”模块中的试题资源

某公司联合相关民航单位开发的应急管理信息系统软件资源见图 4-17。

图 4-17　相关应急管理软件资源

4.2.6 制度保证

民航单位应对相关资源管理工作制定管理制度，为各项工作提供制度保证，如设施设备物资的购置、存储、调用、维护、补充、记录等工作，应急队伍的建立、登记、变更、培训、考核等工作，应急经费保障工作等。

5 应急培训

应急培训是指对相关人员进行所需的，符合相关标准的培训、训练、教育和交流工作。

应急培训是促进民航单位应急管理工作体系发展和生成应急能力的重要手段和途径，通过应急培训的各个环节，保证各级应急管理与应急处置人员资质符合法律法规要求，持续提升应急技能，不断提高全员的应急意识、法规意识、责任意识。

应急培训建设包括培训对象与需求、培训组织与实施、培训资源与保证三个基本要素，其下又细分为若干子要素，具体见图 5-1。

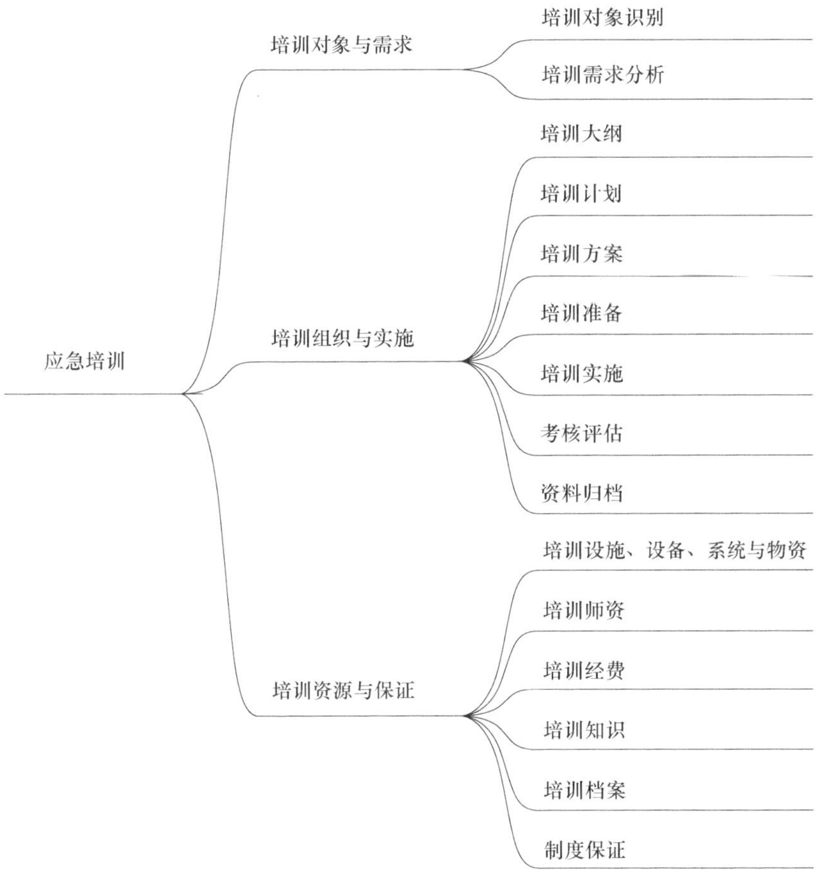

图 5-1 “应急培训”部分要素概览

5.1 培训对象与需求

培训对象与需求概述了民航单位应急培训对象的识别及培训需求分析等活动。

培训对象与需求分为培训对象识别、培训需求分析两项建设内容。

5.1.1 培训对象识别

参照《民用航空安全培训与考核规定》，民航单位应急培训对象应至少包括以下层次和对象：

（1）民航单位负责人，包括党政主要负责人（含法定代表人、实际控制人，下同）、分管应急管理综合协调的负责人、分管具体突发事件应急管理领域的负责人等；

（2）值班领导，包括参与民航单位值班，对民航单位当日安全生产、运行保障、应急处置等方面工作负有领导责任的民航单位负责人及二级单位领导；

（3）应急管理工作人员，包括民航单位及下属各单位从事日常应急管理工作的管理人员（包括民航管理部门的民航应急管理监察员）；

（4）下属各单位的负责人及值班领导；

（5）专业应急处置队伍；

（6）兼职应急处置队伍；

（7）其他员工。

民航单位应准确识别各层级的培训对象，建立培训档案，相关管理工作参见“培训档案”部分内容。

示例：以某航空公司应急培训体系为例

1. 公司层面

（1）负责建立健全公司应急培训体系，持续提升公司应急培训能力；

（2）结合运行单位值班领导持证上岗的要求，负责对公司领导、参与值班的相关部门领导开展资质培训；

（3）负责组织实施公司层面的应急培训相关工作；

（4）负责指导、监督二级单位健全并执行应急培训工作。

2. 二级单位

二级单位对接公司应急培训体系，建立健全本单位应急培训体系；落实应急主体责任，负责本单位内领导班子成员、参与值班人员、应急管理人员、专兼职应急处置队伍及基层操作岗位人员等应急培训。

5.1.2 培训需求分析

培训需求分析是指在规划与设计每项培训活动之前，由培训部门采取合适的方法和技术，确定培训的必要性，继而系统鉴别、分析及确定培训对象、培训目的、要求、形式、内容等方面的工作过程。

5.1.2.1 触发条件

培训需求分析的触发条件包括但不限于以下因素：

（1）法律法规及相关标准规范的要求；

（2）风险评估与隐患排查；

（3）各类监督检查审核活动；

（4）突发事件的发生；

（5）行业及单位的安全形势；

（6）民航局及其他政府部门要求。

5.1.2.2　分析方法

培训需求分析的方法包括访谈法、问卷调查法、观察法、关键事件法、经验判断法和胜任能力分析法等。

（1）访谈法，是通过与被访谈人进行面对面的交谈来获取培训需求信息；

（2）问卷调查法，是通过设计、发放、收取、分析调查问卷的形式来征询调查对象的培训需求信息；

（3）观察法，是通过到工作现场，观察员工的工作表现，发现问题，获取培训需求信息；

（4）关键事件法，是通过分析发生的关键事件来获取培训需求信息；

（5）经验判断法，是指由于部分培训需求具有一定的通用性或规律性，可以通过经验丰富人员的经验加以判断和识别培训需求；

（6）胜任能力分析法，是指根据岗位能力胜任模型与在岗人员能力的测评，分析在岗人员与组织要求能力差距，获取培训需求信息。

备注：胜任能力分析法

“胜任能力分析法”是比较主流的培训需求分析方法，其基本程序如下：首先，以国家法律法规、行业规范要求和相关制度文件为依据，分析关键岗位的应急职责，采取实践法、问卷调查、访谈法、观察法、日志法等，建立能力胜任模型；然后，运用综合风险管理、监督检查、事件调查等方法发现实际在岗人员的现实能力水平；最后，根据岗位能力胜任模型与在岗人员能力的测评，分析出在岗人员与组织要求能力差距，把培训和胜任能力结合起来，以岗位能力要求为基准线和突破口，作为培训需求分析的重点。

岗位胜任能力分析是一项非常成熟的人力资源管理技术，读者可自行参阅相关研究文献；笔者也将继续深入开展该领域的研究工作，相关成果将通过论文、著作等方式陆续发布。

示例：民航运行单位值班领导在应急培训方面的对象识别与需求分析

1. 培训对象识别

根据《民航运行单位值班领导持证上岗管理办法》（民航规［2021］47 号），运行单位值班领导是指按本办法满足持证上岗条件，并对本单位当日安全生产、运行保障、应急处置等方面工作负有领导责任的值班领导。

根据该文件，大部分民航单位均将单位层面领导及参加单位值班的二级部门领导，识别为需要参加培训的对象。能力要求为熟悉民航系统运行单位值班的概念及值班信息报送要求，熟悉行业及本单位生产运行保障的主要流程。

2. 培训需求分析

运行单位值班领导持证上岗的符合条件之一：

“参加下列培训之一，考核合格并取得证书，具备相应知识和能力：（1）民航局组织的包含专项课程模块的培训。（2）本单位或其他机构组织的培训，培训项目应至少包含专项课程模块所列内容。”

根据该文件，运行单位值班领导应急培训方面的需求由“法律法规及相关标准规范的要求”触发。

2.1　培训对象在应急管理方面应具备的能力

具备应对生产运行中各类突发事件的应急管理能力，具体为信息研判与态势感知能力、应急指挥与控制能力、资源调配与协调能力、危机沟通与媒体应对能力等。

2.2　培训对象在应急培训方面的培训目的

掌握《安全生产法》《突发事件应对法》《反恐怖主义法》《国家处置劫机事件总体预案》《处置非法干扰民用航空安全行为程序》及相关民航规章中关于应急处置的基本要求；熟悉重大及常见突发事件、暴恐袭击事件应急指挥与应急处置程序；熟悉关于值班信息（紧急信息）报送的要求；了解如何应对和处置突发事件；了解重大及典型突发事件类型，熟悉应急指挥与应急处置程序。

2.3　培训对象在应急培训方面的培训内容

（1）应急管理法律法规、规章及规范性文件要求（6 学时）。相关国家法律法规、民航规章及规范性文件中关于应急处置的条款；典型突发事件、暴恐袭击事件应对工作要求；应急值守与突发事件信息通报的程序与要求；值班信息报送程序与要求。

（2）案例实操（4 学时）。国家、行业应急管理的法制、体制、机制；民航行业重大、典型突发事件类型；典型应急管理案例解读与分析；应急值守与突发事件信息通报的程序与实际应用案例。

2.4　培训对象在应急培训方面的培训要求

结合运行单位现实需求制定培训计划，采取线上或线下的方式组织开展。

5.2　培训组织与实施

培训组织与实施概述了民航单位应急培训组织实施的程序与方法等，具体见图 5-2。

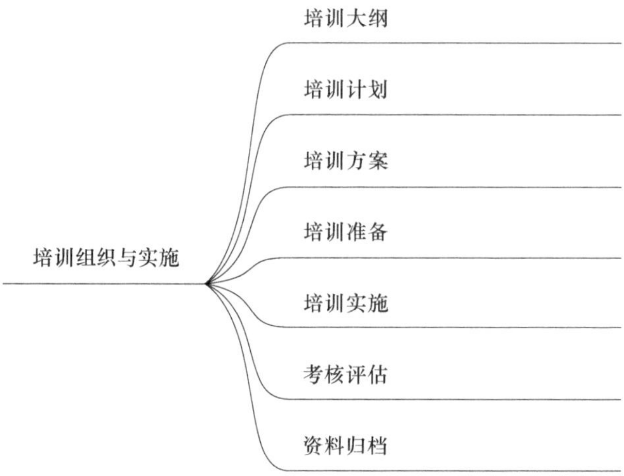

图 5-2 “培训组织与实施”部分要素概览

5.2.1　培训大纲

民航单位应在明确培训需求的基础上，针对具体突发事件应急管理领域为各类培训对象或岗位编制该领域的应急培训大纲或指南。

应急培训大纲或指南应该是在了解了受训人员是哪些人、他们现在具备哪些技能及他们需要了解哪些知识的情况下，为将要进行的培训课程所撰写的实施纲要。

示例1：某机场制定应急培训大纲的基本要求

其要求应急培训大纲应包含培训类型、培训对象、培训目的、培训要求、培训内容（初始、更新）、培训学时、培训组织实施与考核标准等内容。在应急培训大纲编制中尤其应突出三类重点人员的培训要求：一是负责人和值班领导培训，重视法律法规及应急理念；二是应急管理人员，重视应急管理知识与实践方法；三是专业应急处置队伍，重视技能训练及风险防控。

公司的应急培训大纲由培训主管部门组织编写，分管副总经理审批后发布。培训管理人员应根据国家法律法规、行业标准及规范及公司规定的变更情况、培训效果评估意见、教员反馈意见、培训实际情况等，及时对培训大纲进行修订；每年年底应对大纲的适宜性和有效性进行评审与修订。各二级部门应根据公司的应急培训大纲制定本单位的应急培训大纲，并由部门负责人审批。

示例2：某机场应急培训大纲样例（负责人、应急管理工作人员、员工岗前、员工日常）

股份公司负责人应急培训大纲

根据《中华人民共和国突发事件应对法》《中华人民共和国安全生产法》《生产安全事故应急条例》《中国民用航空应急管理规定》《民用运输机场突发事件应急救援管理规则》（CCAR-139-II-R1）和《民航运行单位值班领导持证上岗管理办法》（民航规［2021］47号）编写本大纲。

1. 培训对象

股份公司负责人是指股份公司高层管理者，包括股份公司主要负责人（含书记）、分管安全/应急/质量/运行负责人、总师、总监等；参与股份公司值班的部门领导也应按照本大纲实施培训。

2. 培训目的

通过培训，使培训对象准确把握国家安全生产方针，国家和民航局有关安全生产和应急的政策、法律法规；全面了解当代应急管理理论、方法与技术及其应用领域；及时跟进应急管理和技术前沿以及民航应急管理形势、热点和工作重点；以达到强化依法管理思想，更新应急管理理念，提高应急管理水平和管理决策能力之目的。

3. 培训要求

符合《民航运行单位值班领导持证上岗管理办法》中关于应急管理部门的要求。

4. 培训内容

培训内容主要包括理论知识、法规要求和案例实操三个模块。

第一模块：理论知识（12学时）。

培训目的：深刻领会国家、行业关于民航安全运行和应急管理的重要指示和要求，掌握国家、行业对民航安全运行和应急管理有关要求，增强安全生产“红线”意识，树立安全发展理念；了解国家、行业现行安全、安保运行和应急管理体制机制；掌握《突发事件应对法》《安全生产法》《民航法》《反恐怖主义法》及相关民航规章的基本规定；熟悉与工作相关的安全、安保运行和应急管理基本知识及标准规范。

培训内容：国家、行业关于民航安全运行和应急管理的重要指示精神；国家、行业关于民航安全运行和应急管理有关要求、指示；行业关于民航安全运行和应急管理的年度工作部署及工作重点；《突发事件应对法》《安全生产法》《民航法》《反恐怖主义法》及相关法律法规；相关民航安全运行和应急管理的规章、制度及规范性文件；民航安全运行和应急管理基本知识，如安全生产责任制、SMS/SeMS/SMS－DG 体系、风险管理等。

第二模块：法规要求（8 学时）。

培训目的：掌握《安全生产法》《突发事件应对法》《反恐怖主义法》《国家处置劫机事件总体预案》《处置非法干扰民用航空安全行为程序》及相关民航规章中关于应急处置的基本要求；熟悉重大及常见突发事件、暴恐袭击事件应急指挥与应急处置程序；熟悉关于值班信息（紧急信息）报送的要求。

培训内容：相关国家法律法规、民航规章及规范性文件中关于安全、安保应急处置的条款；典型突发事件、暴恐袭击事件应对工作要求；应急值守与突发事件信息通报的程序与要求；值班信息报送程序与要求。

第三模块：实操案例（4 学时）。

培训目的：了解如何应对和处置突发事件；了解重大及典型突发事件类型，熟悉应急指挥与应急处置程序。

培训内容：国家、行业应急管理的法制、体制、机制；民航行业重大、典型突发事件类型；典型应急管理案例解读与分析；应急值守与突发事件信息通报的程序及实际应用案例。

5. 培训实施

负责人初始培训应当至少包含上述三个模块的培训课程。

负责人复训应当至少包含上述第二模块的培训课程。每年复训。

培训实施和考核形式由培训组织方另行确定。

应急管理工作人员应急培训大纲

根据《中华人民共和国突发事件应对法》《中华人民共和国安全生产法》《生产安全事故应急条例》《中国民用航空应急管理规定》《民用运输机场突发事件应急救援管理规则》（CCAR-139-II-R1）编写本大纲。

1. 培训对象

应急管理人员指的是从事日常应急管理工作的管理人员，包括机场应急、质量、运行及保障部门的负责人、应急经理（分管应急的部门副总经理）以及从事应急管理工作 5 年（不含）以上的人员。

2. 培训目的

通过培训，使培训对象全面了解国家安全生产和应急管理方针，国家和民航局有关安全生产和应急管理的政策、法律法规；熟悉当代应急管理理论及应用领域；掌握主要应急管理的技术、方法及其应用手段；以达到强化依法管理思想，更新应急管理理念，提高应急管理水平和管理决策能力之目的。

3. 培训要求

应急管理人员培训包括应急管理法律法规、应急管理理论与方法、应急管理业务技能的培训。培训应坚持理论与实际相结合，注重应急管理理念和实际管理能力的综合培训。

4. 培训内容

4.1 应急管理法律法规

4.1.1 国家应急管理法律法规

包括《中华人民共和国突发事件应对法》《中华人民共和国民用航空法》及《中华人民共和国安全生产法》等。

4.1.2 民航及机场行业应急管理法律法规

包括民航应急管理法律法规体系构架、民航应急管理相关管理条例及规章、机场应急管理相关规章。

4.1.3 其他相关应急管理规定

包括ICAO附件中的应急管理相关内容。

4.2 应急管理理论与方法

4.2.1 应急管理概述

包括突发事件的基本概念、等级与类别划分，突发事件应急工作的指导思想、工作目标与基本原则，应急工作的法规体系与管理体制，突发事件的应对机制等。

4.2.2 国内外及行业内外应急管理介绍

介绍国内外及行业内外应急管理工作体系、应急管理经验以及成功做法。

4.2.3 应急管理前沿技术

介绍最新的应急管理理论与方法，更新应急管理理论。

4.3 应急管理业务技能

4.3.1 机场突发事件分析

包括机场突发事件的范围、特点及主要应对方法与特殊要求。

4.3.2 机场应急预案体系建设与编制

应急预案的基本概念，机场应急预案体系的规划，应急预案的基本结构与编制、评估、管理。

4.3.3 机场应急处置中的预测、预警与信息报告

预测、预警与信息报告的基本概念、理论、方法、流程。

4.3.4 机场应急准备体系建设

机场应急准备体系的基本概念、内容、建设方法等。

4.3.5 应急管理中的信息发布与媒体合作

民航及机场系统信息发布要求与工作机制，自媒体时代与网络环境下的危机公关策略和原则，媒体沟通的组织形式，新闻发布与媒体应对实用技术。

4.3.6 机场应急演练的组织与实施

应急演练的形式、特点，应急演练的策划、组织、实施、评估和改进意见的落实。

4.3.7 事故调查与评估

调查与评估的目的、过程与具体工作方法。

4.3.8 机场安保突发事件应对

4.3.9　重点专项预案的培训

4.3.10　案例讨论与分析能力模块

包括：领导力提升、管理心理学和行为学、团队建设与管理。

5. 学时安排

应急基础培训（初训）总学时为不少于32学时，更新培训（复训）总学时为不少于24学时，具体实施依据培训机构要求执行。

6. 培训实施与考核标准

按应急培训机构要求确定。

员工岗前应急培训教育大纲

1. 培训对象

机场所有新进员工。

2. 培训目的

通过岗前应急培训，使员工基本了解应急相关法律法规及相关应急知识，明确岗位应急职责和义务。

3. 培训要求

未经应急培训合格的从业人员，不得上岗作业。

4. 培训内容和学时

员工岗前应急培训教育时间不低于24学时，具体内容参考下表。

表1　机场级应急培训教育（股份公司负责内容）

课程模块	课程名称	学　时
应急基础	应急基础知识	2
	应急法规体系概述	2
	典型案例	1
	突发事件分析	2
	应急处置一般流程	4
	考试	1
合计		12

表2　部门级（含岗位）应急培训教育

课程模块	课程内容	学　时
应急特点	本单位应急管理工作体系介绍	4
	本单位或本专业典型案例分析和经验教训	
	本岗位工作区所涉及的危险源、风险状况、风险控制措施	
	班组应急管理及要求（仅限已开展班组应急管理的部门）	

续表2

课程模块	课程内容	学 时
应急管理制度	本单位和本岗位的应急职责、应急管理规章制度和应急操作要求	4
	部门级应急管理的实操及案例	
应急处置	本单位和本岗位应急处置的工作职责和程序	2
信息管理	部门安全信息报告程序及要求	1
考试		1
合计		12

5. 培训实施与考核

(1) 机场级岗前应急培训教育由股份公司编制考卷，结合新员工岗前基本培训教育实施。

(2) 部门级（含岗位）应急培训教育由各部门编制考卷，结合部门岗前培训组织考试。

(3) 考试不合格者由组织培训部门安排补考，补考不合格者不得上岗。

员工日常应急培训教育大纲

1. 培训对象

机场各岗位员工。

2. 培训目的

通过日常应急培训教育，传达安全与应急形势，分析典型案例，巩固、更新应急理论、应急相关知识，增强按章作业、应急作业的意识，持续提高全员应急素质。

3. 培训要求

(1) 员工日常应急培训教育每月至少进行一次，每年不少于8学时。可采取集中学习和员工自学相结合的方式。

(2) 各部门应结合季节转换、技术研讨、“安全生产月”等专题活动，进行典型案例分析，及时、有针对性地进行日常应急培训教育。

(3) 部门在组织专项培训时，应安排专人进行充分准备，结合部门实际对相关材料进行提炼，避免大而空；将规章/程序/手册的新旧差异、新动态，案例中的深层次原因、违反的规章条款、组织管理上存在的问题等关键内容向相关人员进行传达宣贯，让受训人员学有所获，并运用到实际工作中。

(4) 部门在组织员工自学应急培训教育材料时，每次自学可视为1学时。

4. 培训/教育内容

(1) 应急目标、指标。

(2) 应急相关的职责、权利与义务。

(3) 部门应急管理工作体系。

(4) 应急预案的演练和培训。

(5) 应急信息报告。

(6) 应急规章制度、应急管理标准和应急操作要求。

（7）应急形势，本单位或本专业典型案例分析和经验教训（案例分析材料或观看警示教育视频）。

（8）各级应急相关指示精神的传达。

（9）部门根据自身实际情况，通过合适方式向员工及时传达如下内容：民航管理部门/地方政府相关文件/指示精神；民航管理部门月度安委会材料、安全形势分析会通报；相关纪要等内容。

（10）应急通报：其他机场相关专业发生突发事件及处置分析、民航管理部门相关通报/通告。

（11）根据实际情况开展的内容：新规章、新技术、组织机构调整、新运行种类相关内容、手册修订相关内容、岗位/职责变更、新程序、新标准；民航换季等。

5. 培训实施与考核

（1）各部门可根据自身情况，制定考核办法。内容包括抽考比例、考核方式、不合格人员处理方式等。

（2）考核不合格者，允许补考1次，补考仍不合格者需重新培训。

示例3：某地区空管局应急管理培训指南

××空管局应急培训指南

根据《中华人民共和国突发事件应对法》《中华人民共和国安全生产法》《中国民用航空应急管理规定》《民用航空安全培训规定》等，编写本书。

本手册规范了××空管局应急管理负责人、应急管理人员应急培训的目的、要求、具体内容、推荐课程与学时。

一线人员的应急培训由各分局（站）和××地区各单位根据自身运行实际，参照本手册相关内容执行。

一、××空管局应急管理负责人培训指南

1. 培训对象

××空管局应急管理负责人主要包括××空管局应急工作领导小组成员，机关各部室、××地区各单位和各分局（站）主要领导和分管领导。

2. 培训目的

通过培训，使培训对象掌握应急管理政策、法律法规及国际民航公约相关内容；了解现代应急管理理论与方法，理解应急管理理念；熟悉应急管理方法和技术，提高应急管理的决策和指挥能力。

3. 培训要求

（1）负责人应急培训包括应急管理法律法规、应急管理理论与方法、应急管理决策与指挥技能的培训。

（2）培训采用统一编写的培训教材，集中培训。

（3）培训须安排讲课、研讨等环节，讲课内容及课时安排应符合本手册的要求。

4. 培训内容

4.1 应急管理法律法规

4.1.1 国家应急管理法律法规

包括《中华人民共和国突发事件应对法》《中华人民共和国民用航空法》及《中华人民共和国安全生产法》等。

4.1.2 民航及空管行业应急管理法律法规

包括民航应急管理法律法规体系构架、民航应急管理相关管理条例及规章、空管行业应急管理相关规章。

4.1.3 其他相关应急管理规定

包括ICAO附件中的应急管理相关内容。

4.2 应急管理理论与方法

4.2.1 应急管理概述

包括突发事件的基本概念、等级与类别划分，突发事件应急工作的指导思想、工作目标与基本原则，应急工作的法规体系与管理体制，突发事件的应对机制等。

4.2.2 国内外及行业内外应急管理介绍

介绍国内外及行业内外应急管理工作体系、应急管理经验以及成功做法。

4.2.3 应急管理前沿技术

介绍最新的应急管理理论与方法，更新应急管理理论。

4.3 应急管理决策与指挥技能

4.3.1 民航应急管理决策与指挥

包括应急管理决策与指挥的概念、理论、方法、流程和应急指挥信息平台体系的建设与管理。

4.3.2 重点局级专项预案应急响应程序

4.3.3 空管行业应急处置案例讨论与分析

5. 课程与学时安排

(1) 各培训内容下的推荐课程与学时，见表1。

表1 ××空管局应急管理负责人培训课程与学时安排

培训内容	课程名称	学 时
应急管理法律法规	《突发事件应对法》解读	4
	新《安全生产法》解读	4
	《中国民用航空应急管理规定》解读	2
	ICAO附件中应急管理相关内容解读	2
应急管理理论与方法	应急管理概述	4
	国内外应急管理工作体系现状与建设经验	2
	民航及空管系统应急管理工作体系	2
	应急管理前沿技术	2
应急管理决策与指挥技能	民航应急管理决策的科学方法	4
	民航应急指挥的技术与方法	4
	重点局级专项预案的应急响应程序	4
	空管行业应急处置案例讨论与分析	4

(2) 各单位可参照“表1”内容，自行安排培训课程和课时，建议应急管理负责人每年培训时间不低于12学时。

二、××空管局应急管理人员培训指南

1. 培训对象

××空管局应急管理人员主要包括××空管局应急管理办公室各组成单位相关人员、机关各部室相关人员、××地区各单位和各分局（站）负责应急管理具体业务的相关人员。

2. 培训目的

通过培训，使培训对象掌握应急管理政策、法律法规及国际民航公约，树立应急管理的法制观念；掌握应急管理的科学原理和方法，提高应急管理素质和技能；熟悉和掌握应急管理方法和技术，提高应急管理能力和水平。

3. 培训要求

3.1　应急管理人员培训包括应急管理法律法规、应急管理理论与方法、应急管理业务技能的培训。培训应坚持理论与实际相结合，注重应急管理理念和实际管理能力的综合培训。

3.2　培训采用统一编写的培训教材，集中培训

3.3　培训须安排讲课、研讨、考核等环节，讲课内容及课时安排应符合本手册的要求。

4. 培训内容

4.1　应急管理法律法规

4.1.1　国家应急管理法律法规

包括《中华人民共和国突发事件应对法》《中华人民共和国民用航空法》及《中华人民共和国安全生产法》等。

4.1.2　民航及空管行业应急管理法律法规

包括民航应急管理法律法规体系构架、民航应急管理相关管理条例及规章、空管行业应急管理相关规章。

4.1.3　其他相关应急管理规定

包括ICAO附件中的应急管理相关内容。

4.2　应急管理理论与方法

4.2.1　应急管理概述

包括突发事件的基本概念、等级与类别划分，突发事件应急工作的指导思想、工作目标与基本原则，应急工作的法规体系与管理体制，突发事件的应对机制等。

4.2.2　国内外及行业内外应急管理介绍

介绍国内外及行业内外应急管理工作体系、应急管理经验以及成功做法。

4.2.3　应急管理前沿技术

介绍最新的应急管理理论与方法，更新应急管理理论。

4.3　应急管理业务技能

4.3.1　空管突发事件分析

包括空管突发事件的范围、特点及主要应对方法与特殊要求。

4.3.2　空管应急预案体系建设与编制

应急预案的基本概念，空管应急预案体系的规划，应急预案的基本结构与编制、评估、管理。

4.3.3　空管应急处置中的预测、预警与信息报告

预测、预警与信息报告的基本概念、理论、方法、流程。

4.3.4　空管应急准备体系建设

空管应急准备体系的基本概念、内容、建设方法等。

4.3.5　应急管理中的信息发布与媒体合作

民航及空管系统信息发布要求与工作机制，自媒体时代与网络环境下的危机公关策略和原则，媒体沟通的组织形式，新闻发布与媒体应对实用技术。

4.3.6　空管系统应急演练的组织与实施

应急演练的形式、特点，应急演练的策划、组织、实施、评估和改进意见的落实。

4.3.7　事故调查与评估

调查与评估的目的、过程与具体工作方法。

4.3.8　民用航空器的搜寻与援救

国际民航组织及我国关于搜寻与援救民用航空器的法规，我国民用航空器搜寻与援救工作机制，搜寻与援救行动的组织与协调，民用航空器搜寻与援救方法与特种设备。

4.3.9　空管系统安保突发事件应对

4.3.10　重点专项预案的培训

4.3.11　案例讨论与分析

5. 课程与学时安排

(1) 各培训内容下的推荐课程与学时，见表2。

表2　××空管局应急管理人员培训课时安排

课程模块	课程名称	学　时
应急管理法律法规	《突发事件应对法》解读	4
	新《安全生产法》解读	4
	《中国民用航空应急管理规定》解读	2
	ICAO附件中应急管理相关内容解读	2
应急管理理论与方法	应急管理概述	4
	国内外应急管理工作体系现状与建设经验	2
	民航及空管系统应急管理工作体系	4
	应急管理前沿技术	2

续表 2

课程模块	课程名称	学时
应急管理业务技能	空管突发事件分析	2
	空管应急预案体系建设与编制技术	4
	空管应急管理预测、预警与信息报告	2
	空管应急准备活动与体系建设	4
	应急管理的信息发布与媒体合作	4
	空管应急演练的组织与实施	4
	事故调查与评估	4
	民用航空器的搜寻与援救	2
	空管系统安保突发事件应对	4
	重点专项预案培训	4
	案例讨论与分析	4

（2）各单位可参照“表 2”内容，自行安排培训课程和课时，建议应急管理负责人每年培训时间不低于 24 学时。

6. 考核

（1）各单位在培训后，应组织考核；考核可采取开卷考试、闭卷考试、提交学习心得、案例讨论等多种形式；考核结果报应急管理部门存档。

（2）采用考试形式考核的，有一次补考机会，如补考仍不合格，此次培训课时作废，需重新培训。

（3）采用其他形式考核的，考核不合格，此次培训课时作废，需重新培训。

三、附则

（1）各单位可根据实际情况，制定应急培训相关实施细则。

（2）本手册由局应急办公室编写、修订和解释。

（3）本手册自印发之日起施行。

示例 4：民航应急管理监察员业务培训大纲

根据《中国民用航空监察员管理规定》（CCAR-18R3）、《中国民用航空应急管理规定》（CCAR-397）与《民航应急管理监察员业务培训管理办法》，编写本大纲。

本大纲规定了民航应急管理监察员业务培训（以下简称业务培训）的目的、要求、内容和考核标准。

1. 培训目的

使参加培训的人员获得并保持履行民航应急管理行政执法职责所应当具备的专业知识与技能，促使应急管理监察员具备过硬的专业技术能力、较高的依法行政能力、较强的分析问题处理问题能力、较好的组织协调能力和较强的语言文字表达能力。

2. 培训要求

(1) 业务培训分为初始业务培训和持续业务培训。

(2) 业务培训坚持理论与实践相结合的方针，从突发事件应急工作的基本理论与实务、民航突发事件应急管理专业知识等方面开展综合性培训。

(3) 业务培训由中国民航安全学院在民航局综合司的领导下组织实施，采用统一教材，集中进行。

(4) 业务培训的内容及时间应当符合《民航应急管理监察业务培训管理办法》的要求。

3. 初始业务培训内容

初始业务培训主要包括应急管理基础理论、应急管理实务、民航应急管理专业知识、民航突发事件案例分析、研讨交流五部分。

3.1 应急管理基础理论

主要包括《中华人民共和国突发事件应对法》解读，灾害学理论基础，风险管理理论基础，国内外突发事件应急管理比较等课程。

3.2 应急管理实务

主要包括风险管理工具，基于情景构建的应急准备，突发事件应对能力的规划与建设，应急预案体系建设，应急预案的编制、评估与管理，应急演练的组织与实施，危机公关，危机决策，突发事件应急指挥信息系统，突发事件应对工作调查评估等课程。

3.3 民航应急管理专业知识

主要包括《中国民用航空应急管理规定》(CCAR-397) 与民航应急管理综述，航空安全管理体系，民用航空器搜寻与援救，民用航空器飞行事故旅客家属援助，航空器事故调查，残损航空器搬移，机场应急救援，空防安全突发事件，大面积航班延误应急处置等课程。

3.4 民航突发事件案例分析

主要内容为国内外民航行业突发事件的典型事件分析。

3.5 研讨交流

主要内容为围绕民航应急工作的热点、难点问题，以小组或集体讨论的形式进行研讨和交流。

4. 持续业务培训内容

(1) 应急管理相关法律、法规、规章及标准新变化。

(2) 风险管理与应急管理理论新发展。

(3) 应急管理新知识与新技术。

(4) 典型突发事件应对工作要求。

(5) 民航各专业领域的应急工作与最新进展。

(6) 最新民航突发事件应急处置案例分析。

(7) 应急演练。

(8) 心理疏导与压力缓解。

(9) 初始业务培训课程回顾。

（10）其他应急管理相课程。

（11）研讨与考核。

5. 学时安排

（1）初始业务培训总计 60 学时。

（2）持续业务培训总计 40 学时。

6. 考核

6.1　初始业务培训考核

采用笔试闭卷考试的方法进行，时间为 2 学时。题型包括判断、选择、简答和分析。合格成绩为百分制的 80 分或以上。

6.2　持续业务培训考核

采用笔试闭卷考试、提交培训报告或组织案例分析、模拟演练等方法进行。笔试闭卷考试时间为 2 学时。当以提交培训报告或组织案例分析、模拟演练等方式进行考核时，由民航局综合司与培训机构按照合格、不合格对参加培训人员的考核成绩进行评判。

示例 5：民航运行单位值班领导应急管理培训

根据《民航运行单位值班领导持证上岗管理办法》（民航规［2021］47 号），运行单位值班领导在应急培训方面的培训大纲内容如下：

“第二模块　法规要求（8 学时）

培训目标：掌握《安全生产法》《突发事件应对法》《反恐怖主义法》《国家处置劫机事件总体预案》《处置非法干扰民用航空安全行为程序》及相关民航规章中关于应急处置的基本要求；熟悉重大及常见突发事件、暴恐袭击事件应急指挥与应急处置程序；熟悉关于值班信息（紧急信息）报送的要求。

培训内容：相关国家法律法规、民航规章及规范性文件中关于应急处置的条款；典型突发事件、暴恐袭击事件应对工作要求；应急值守与突发事件信息通报的程序与要求；值班信息报送程序与要求。

课程知识点：

（一）应急管理法律法规、规章及规范性文件要求

在目前的国家法律法规、民航规章及规范性文件中，针对值守应急的要求相对较少，主要规范民航管理部门（参见《中国民用航空应急管理规定》（CCAR—397）第九条）与特定运行机构（参见《生产安全事故应急条例》第十四条）。然而，作为民航运行单位，值守应急是满足行业安全、正常运行的必要岗位，需要了解与应急管理有关的规范要求，相关条款内容如下：

①应急管理组织架构与职责

《中国民用航空应急管理规定》中有关民航应急工作管理体制、运行单位应急工作领导机构与应急工作办事机构，以及应急管理组织机构中所有成员应急职责的相关规定。

②应急预案与预案管理

《中国民用航空应急管理规定》中有关应急预案制定的相关要求；值班领导熟悉本单位的应急预案手册、值班领导岗位应急职责、检查单主要内容，掌握事件发生时第一时间的处置程序的相关要求；应急预案修订、评估、检验等工作的相关要求。

③应急培训与演练

《中国民用航空应急管理规定》中有关企事业单位建立健全民航应急工作培训制度的相关要求；《民航应急预案管理办法》中有关民航各单位应急预案培训工作的相关要求。《中国民用航空应急管理规定》中有关应急预案的制定单位定期组织预案演练、接受民航管理部门的监督检查的相关要求；《民航应急预案管理办法》中有关企事业单位应急演练制度、演练计划、演练方式的相关要求；《民航运行单位值班领导持证上岗管理办法》中有关值班领导需进行培训学习、参与多种形式演练训练的要求。

④信息报送与沟通

《中国民用航空应急管理规定》中有关参加应急处置的企事业单位及时报告工作情况、获悉突发事件相关信息的企事业单位及时报告并及时采取应急处置措施、报告和通报相关信息的原则、参加应急处置的企事业单位详细记录应急处置工作过程等方面要求；值班领导需要掌握本单位信息报送的流程与报送内容要求，以及根据信息进行态势研判的决断能力。

……

第三模块　案例实操（4学时）

培训目标：了解如何应对和处置突发事件；了解重大及典型突发事件类型，熟悉应急指挥与应急处置程序。

培训内容：国家、行业应急管理的法制、体制、机制；民航行业重大、典型突发事件类型；典型应急管理案例解读与分析；应急值守与突发事件信息通报的程序及实际应用案例。

课程知识点：

（一）突发事件应对工作能力要求

值班领导岗位需要具备应对生产运行中各类突发事件的应急管理能力，具体为：信息研判与态势感知能力、应急指挥与控制能力、资源调配与协调能力、危机沟通与媒体应对能力等。

（二）民航行业重大、典型突发事件类型案例分析

选取不同类型的典型突发事件实例，对民航典型突发事件开展案例分析与研讨。

（三）情景构建与值班领导岗位模拟演练训练

基于应急指挥与值班领导岗位设计相关的应急演练场景，并通过应急推演、模拟演练、实战演练等方式，重点考核与训练应急值守与信息报送、应急指挥协调与沟通、应急资源统筹管理、媒体应对与新闻发言的重要能力要素。”

中国民航管理干部学院根据该文件，制定了相关课程模块（见下）。

中国民航管理干部学院制定的应急培训方面的课程模块（运行单位值班领导）

模块	课程名称	课程内容	课　时
法规要求	应急管理法律法规、规章及规范性文件解读	（1）应急管理组织架构与职责； （2）应急预案与预案管理； （3）应急培训与演练； （4）信息报送与沟通	6

续表

模块	课程名称	课程内容	课　时
案例实操	突发事件应对和处置（运输机场）	（1）突发事件应对工作能力要求； （2）机场重大、典型突发事件类型案例分析； （3）情景构建与值班领导岗位模拟演练训练	4
	突发事件应对和处置（航空公司）	（1）突发事件应对工作能力要求； （2）航空公司重大、典型突发事件类型案例分析； （3）情景构建与值班领导岗位模拟演练训练	4
	突发事件应对和处置（空管系统）	（1）突发事件应对工作能力要求； （2）空管系统重大、典型突发事件类型案例分析； （3）情景构建与值班领导岗位模拟演练训练	4

5.2.2　培训计划

培训计划概述了民航单位各领域应急管理工作体系建设中实施培训所预期达到的目标及为此而准备实施的计划。

在培训大纲的规范下，民航单位应制定和保持应急培训计划，确保相关人员得到培训教育，提高从业人员的业务水平和综合素质，使其胜任岗位工作，有能力执行其应急管理工作体系赋予的任务；并强化员工遵章守纪和安全应急意识，促进应急管理工作体系的实施。

民航单位应根据本单位应急管理职责和工作实际，制定本单位每类突发事件应急管理领域的应急培训工作计划，民航单位下属各单位也应制定本单位的应急培训工作计划，并报送民航单位相关部门备案。

民航单位应将应急培训工作纳入年度工作计划，并将应急培训工作完成情况纳入绩效考核。

培训计划工作可有机融入“规划计划”工作中，作为“中长期目标与规划”“年度目标与计划”“短期目标与计划”的一项重要内容，协同开展。

示例1：某航空公司

某航空公司应急管理制度文件中，关于“培训计划”的描述节选如下：

（1）应急培训计划应包含培训班名称、培训时间、培训地点、课时、批次及人数、经费（万元）、培训对象、组织部门、培训教员、是否重要岗位和风险岗位培训等内容。应急培训计划样表如下：

______年______________应急培训计划

序号	名称	培训时间	培训地点	课时	批次及人数	经费	培训对象	组织部门	培训教员	培训主题	是否资质类培训	备注
1												
2												
3												
⋮												

（2）公司的培训主管部门应于每年12月××日前根据民航管理部门、公司、政府相关部门的应急工作要求以及相关管理岗位人员的能力要求（如岗位变动、资质要求等），制定下一年度的应急培训计划，并上报分管副总经理审批后，××个工作日内发布。

（3）公司的培训主管部门应于每年6月××日前对上半年应急培训计划的实施情况进行评估，填写《应急培训计划完成情况评估表》（见下），根据评估情况对下半年计划进行调整。调整后的培训计划也应由分管副总经理审批后发布。

应急培训计划完成情况评估表

<table>
<tr><td>部门</td><td></td><td>年份</td><td></td></tr>
<tr><td colspan="4">一、资质类应急培训完成情况</td></tr>
<tr><td colspan="4"></td></tr>
<tr><td colspan="4">二、外委专项应急培训</td></tr>
<tr><td colspan="4"></td></tr>
<tr><td colspan="4">三、内部应急培训/教员开展情况</td></tr>
<tr><td colspan="4"></td></tr>
<tr><td colspan="4">四、培训计划偏离情况说明及评估</td></tr>
<tr><td colspan="4">情况：

评估意见：

措施（如需）：</td></tr>
<tr><td colspan="2">申请人：</td><td colspan="2">偏离批准人：</td></tr>
<tr><td colspan="2">××部</td><td colspan="2">发布日期：</td></tr>
</table>

（4）各单位根据公司的应急培训计划，在公司应急培训计划发布后××个工作日内制定、发布本单位的应急培训计划，并报公司的培训主管部门备案。公司的培训主管部门负责根据公司的《应急培训大纲》和当年下发的应急培训计划对各单位的应急培训计划进行评估。

示例2：某机场应急管理信息系统中“应急培训计划”模块

“应急培训计划”模块见图5-3。

图5-3 某机场应急管理信息系统中“应急培训计划”模块

5.2.3 培训方案

举办培训活动前，民航单位应制定应急培训方案，一般包括培训目的、培训要求、培训对象、培训类别、培训内容、培训实施、考核评估等要素。

5.2.3.1 培训目的

培训目的，主要说明应急培训所要达到的目的或目标。

示例：

某机场举办“高层领导应急管理专项培训方案”中“培训目的”的描述为：根据《中国民用航空应急管理规定》和《民用运输机场突发事件应急救援管理规则》要求，为提高集团高层领导对应急管理工作的认识水平，普及应急管理相关基础知识，增强应急管理意识，计划举办“××机场高层领导应急管理专项培训”。

5.2.3.2 培训要求

培训要求，主要说明应急培训所要遵循或需要达到的能力或内容要求。

示例：

某机场举办“高层领导应急管理专项培训方案”中“培训要求”的描述为：通过培训使机场高层领导了解机场应急管理相关基础知识和相关法律法规规章等规范性文件，熟悉和掌握机场集团应急管理职责和定位，了解大型国际机场和中小机场的应急管理工作要点、难点和重点，知晓相关机场应急管理典型案例。

5.2.3.3 培训对象

培训对象，主要说明参与培训的人员或岗位。

5.2.3.4 培训类别

培训类别，主要说明培训对象或岗位需要参加的应急培训类别。

示例：

某机场关于“培训类别”的描述如下：

机场及各单位应急培训应至少包括以下五类：

（1）员工岗前应急培训：员工岗前应急培训分为公司级、部门级和岗位级三个级别进行。公司级应急培训由培训主管部门和各相关业务培训部门组织进行，部门与岗位级应急培训由各单位根据需求及资质要求组织进行。公司级、部门级和岗位级应急培训均需按照《应急培训大纲》执行。

（2）日常员工在职应急培训：公司各单位在结合自身的实际情况下，按照《应急培训大纲》开展日常员工的在职应急培训和培训，可采取分部门、处室集中传达学习、专题辅导，或员工自行下载学习资料自学等方式进行。各单位定期下发通知，对相关的应急培训材料予以明确要求。

（3）民航局资质类培训：主要指运行单位值班领导持证上岗培训等；上述人员的应急培训应根据民航局的有关规定并按照《应急培训大纲》进行。具体由培训主管部门根据民航局相关要求及公司不同时期对应急工作的要求做出安排。

（4）专项应急培训：由培训主管部门其他各单位按照《应急培训大纲》进行。包括但不限于以下情形：公司管理体制和生产任务发生重大变化，相关法律、法规、规章、标准、手册、程序等发生重要变化，实施新的标准和程序。从业人员工作环境和条件发生重大变化，如采用新工艺、新技术、新材料或者使用新设备，发生民用航空器事故、征候等情况时。

（5）专业应急处置队伍的专业培训：运行指挥、消防、急救等专业应急处置队伍，除完成应急培训外，还须满足局方批准的培训大纲中培训内容的要求。

5.2.3.5 培训内容

培训内容，主要说明培训主题、模块、课程、教案、课时等。

示例：

某机场举办“高层领导应急管理专项培训方案”中“培训内容”的描述为：

培训内容主要包括：

1. 机场应急管理相关法律法规规章标准等规范性文件。

2. 机场应急管理相关基础知识，包括但不限于应急管理的概念、范围、环节以及突发事件分类分级等。

3. 机场集团应急管理工作的职责、定位及集团化管理的要点。

4. 大型国际机场应急管理体制、应急指挥体系、工作难点以及常见突发事件的处置流程、要点与案例等。

5. 中小机场应急管理现状、问题、相关案例分析与具有示范性的机场经验做法。

培训时长4学时。

5.2.3.6 培训实施

培训实施，主要说明应急培训的组织实施责任单位、时间、形式（如线下集中授课、线上授课、自主学习、实操等）、频次（次数及时长等）、地点、纪律要求等。

5.2.3.7 考核评估

考核评估，主要说明应急培训的考核与评估的方法、标准、程序等。

示例（培训方案）：以“某机场应急管理与运行单位值班领导上岗资格培训方案”为例

一、培训目的

根据《民航系统运行单位值班领导持证上岗管理办法》要求，对本单位当日安全生产、运行保障、应急处置等方面工作负有领导责任的值班领导应持证上岗。为保障××机场各成员单位安全运行，落实运行单位安全主体责任，有效组织突发事件应急处置，规范运行单位值班领导持证上岗管理工作，现拟聘请中国民航管理干部学院开展“××机场应急管理与运行单位值班领导上岗资格培训”。

二、培训要求

符合《民航系统运行单位值班领导持证上岗管理办法》中的培训要求。

三、培训对象

机场及下属各单位参与值班的领导。

四、培训类别

民航局资质类培训。

五、培训内容

见附件。

六、培训实施

培训时间：……

培训地点：……

培训形式：本次培训采用集中课堂教授与远程授课的方式进行。

培训内容和课程安排：见下表。

纪律要求：各成员单位应按要求组织人员参加培训，特殊情况不能参加的应提前请假；参加培训人员应按时到场，端正态度，认真学习，遵守培训现场纪律，确保培训效果。

七、考核评估

本次培训采用集中考试方式考核。

培训结束后，参训人员需对本次培训活动反馈培训评估意见。

培训内容与课程安排

时间	课　程	内　容	课　时	教　员
××	安全政策法规与安全生产责任体系	（1）国家及行业安全方针政策； （2）安全生产法解读； （3）安全生产责任体系	4	××
××	民航安全法规体系	（1）民航安全法规体系架构； （2）《民航法》有关规定； （3）民航行政法规的相关规定； （4）民航规章体系的构成； （5）规范性文件相关规定	4	××

续表

时间	课　程	内　容	课　时	教　员
××	民航安全管理体系与双重预防机制	（1）民航安全管理体系概述； （2）民航安全管理体系要求； （3）民航安全管理体系框架及要素； （4）安全风险管理； （5）隐患排查治理	4	××
××	应急管理法律法规、规章及规范性文件解读	（1）应急管理组织架构与职责； （2）应急预案与预案管理； （3）应急培训与演练； （4）信息报送与沟通	6	××
××	航空安保法律法规体系	（1）航空安保法律法规体系； （2）航空安保国际法； （3）航空安保国内法； （4）民航单位的航空安保法律责任	2	××
××	突发事件应对和处置（机场）	（1）突发事件应对工作能力要求； （2）机场重大、典型突发事件类型案例分析； （3）情景构建与值班领导岗位模拟演练训练	4	××

5.2.4　培训准备

5.2.4.1　自行组织的培训

如为自行组织的培训，每次培训前，培训组织方均应根据培训计划，完成以下准备工作：

（1）确定培训主题、内容及参训范围；

（2）确定培训教员；

（3）确定培训时间、地点、形式、考核方式等；

（4）发布培训通知；

（5）完成培训课表编排；

（6）完成教员、教室、学员的协调和安排，并准备好相关教学设备或系统；

（7）完成签到表、试卷、评估表、培训须知等培训资料的制作；

（8）其他必要的准备工作。

5.2.4.2　外部单位组织的培训

如为外部单位组织的培训，参训单位应提前做好学员的选派、交通食宿等准备工作。

5.2.5 培训实施

如为自行组织的培训，培训管理人员应跟踪当天授课情况，在上课前到达授课现场，组织签到。

培训学员应服从培训组织者的管理，并遵守各项培训纪律。

示例：

某航空公司应急管理制度文件中，关于“培训活动实施”的描述节选如下：

1. 实施工作要求

（1）培训管理人员严格执行批准的应急培训计划。

（2）根据培训计划，至少提前5个工作日完成教员、教室、学员的协调和安排，并准备好相关教学设备。

（3）教员一经确定，不允许临时变更或请假。

（4）……

2. 培训课堂管理要求

（1）培训管理人员应跟踪当天授课情况，至少在上课前15min到达授课现场，组织签到。

（2）培训学员应服从培训组织者的管理。

（3）……

3. 培训纪律要求：

（1）严格遵守培训时间，不迟到，不早退，不旷课。

（2）认真执行签到制度，不得替他人代签。

（3）如确有特殊原因不能参加培训者，应严格按公司请假程序进行审批。

（4）培训时应按公司着装要求着装，严禁衣冠不整。

（5）培训场所严禁吸烟。

（6）培训场所严禁大声喧哗。

（7）听课过程中应保持安静，将手机等通信工具调至关机或静音状态。

（8）听课态度应严肃认真，严禁睡觉、闲聊，影响课堂秩序。

（9）严禁在非休息时间擅自出入培训课堂或会场。

（10）……

5.2.6 考核评估

由培训组织方组织考核与评估工作，并做好记录工作。

示例：

某航空公司应急管理制度文件中，关于“培训考核评估”的描述节选如下：

培训结束后，培训组织方应通过反应层评估（问卷调查法、面谈法、座谈法）、学习层评估（提问法、笔试法、面试法）、行为层评估（观察法、360度评估、绩效考评）、结果层评估（组织绩效指标、成本效益分析）等形式对培训质量进行跟踪，确保相关培训目的、内容和质量满足规章要求。

（1）反应层评估：衡量参训者对教员及培训项目的评价。每次培训后，应针对培训教材、教案、教员、培训效果等开展学员满意度调查，抽样不少于50%的学员，填写《应急培训效果评估表》。

应急培训效果评估表

课程名称：				培训时间：					
任课讲师：									
课程效果调查：(请用“√”标出你对每条评估项目的满意度)									
指标			权重	评分					
一级	二级	三级（评估项目）		5	4	3	2	1	小计
培训效果（100%）	培训内容（40%）	课程目标的明确性	20%						
		内容编排的合理性	20%						
		理论知识的系统性	20%						
		课程内容的适用性	20%						
		课程的启发性	20%						
	培训教师（30%）	理解和把握课程内容	25%						
		表达能力	25%						
		关注学员反应、激发学习兴趣	25%						
		有效控制课程进度	25%						
	培训安排（10%）	主办方组织保障	100%						
	培训收获（20%）	学员对本次培训自我评价	100%						
综合评分									
您觉得是否值得参加这个课程		值得 □		不值得 □					
您对此课程的最满意/收获最大方面：									
您认为此课程的最需要改进的方面：									
您对培训工作的建议和要求：									

（2）学习层评估：衡量参训者对培训内容、技术和技能的获取程度。采用提交《学员学习报告》、笔试、现场测试等方式进行。

（3）行为层评估：衡量参训者在培训项目中所学习的技能和知识的转化程度，培训后1~3个月内进行，对参训者参训前后工作表现进行评估。可以采用上级、下级调研等方式进行。

（4）结果层评估：结果层评估采用个人工作情况等方式进行，可以根据员工是否导致突发事件、应急奖惩记录等进行分析评估。

5.2.7 资料归档

培训结束后，如为自行组织的培训，由培训组织方做好培训活动的各项资料归档及台账记录工作；如为外部单位组织的培训，由参训单位等做好学员相关培训证书的资料归档及台账记录工作。

示例1：某航空公司应急培训台账清单

某航空公司应急培训台账清单见下表。

培训项目台账清单

部门：　　　　　　　　　　　　　　　　　　　　编号：

<table>
<tr><td>培训项目名称</td><td colspan="3"></td></tr>
<tr><td>培训目的</td><td></td><td>培训依据</td><td></td></tr>
<tr><td>培训时间</td><td></td><td>培训课时</td><td></td></tr>
<tr><td>培训对象</td><td colspan="3"></td></tr>
<tr><td>培训人数</td><td></td><td>培训教员</td><td></td></tr>
<tr><td>组织形式</td><td colspan="3">集中□（地点：　　）非集中□（说明：　　）</td></tr>
<tr><td>培训内容</td><td colspan="3"></td></tr>
<tr><td rowspan="6">台账清单</td><td>1. 培训通知</td><td>有□无□</td><td></td></tr>
<tr><td>2. 培训课程或日程</td><td>有□无□</td><td></td></tr>
<tr><td>3. 学员学习记录</td><td>有□无□</td><td></td></tr>
<tr><td>4. 考核结果反馈或统计</td><td>有□无□</td><td></td></tr>
<tr><td>5. 课件、教材</td><td>有□无□</td><td></td></tr>
<tr><td>6. 图片等资料</td><td>有□无□</td><td></td></tr>
<tr><td>填表人</td><td></td><td>填表日期</td><td></td></tr>
<tr><td>备注</td><td colspan="3"></td></tr>
</table>

示例 2：某机场应急管理信息系统中“应急培训台账”模块

某机场应急管理信息系统中“应急培训台账”模块见图 5-4。

图 5-4 某机场应急管理信息系统中“应急培训台账”模块

5.3 培训资源与保证

培训资源与保证是指民航单位为了保障应急培训活动的顺利实施，达到预期培训目的，而提供的培训设施、设备、系统与物资，培训师资，培训经费，培训知识资源，培训档案等资源保证与制度保证活动，具体见图 5-5。

本部分内容是“3.2.2.2 日常管理的制度建设”与“4.2 资源管理”在应急培训领域的具体化和细化。

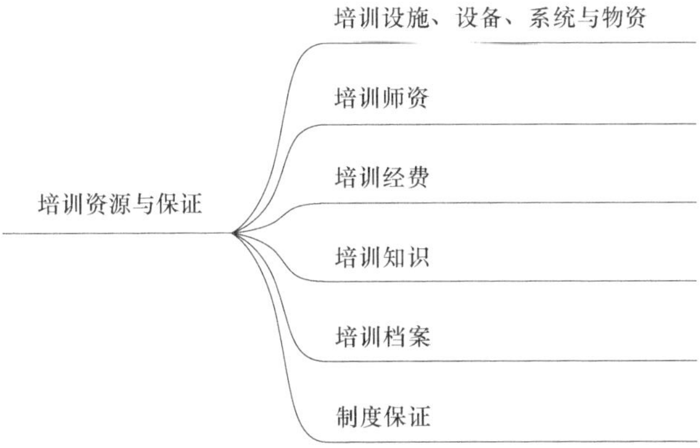

图 5-5 “培训资源与保证”部分要素概览

5.3.1 培训设施、设备、系统与物资

民航单位均应根据有关规章标准要求以及本单位应急管理工作需要，为各项应急培训

工作，配备符合标准和需求的培训设施、设备、系统与物资等资源，并制定相应的管理制度，做好购置、存储、调用、维护、补充、记录等管理工作。

部分培训设施、设备、系统与物资可以与演练及应急处置共用。

备注：

培训设施如培训教室、消防的真火实训设施等；培训设备、系统如多媒体教学系统、消防灭火仿真系统等；培训物资如各类教具及易耗品。

5.3.2 培训师资

民航单位应建立应急培训师资队伍，形成师资库，制定相关管理办法，明确内外部培训教员的资格要求、申请、评定、聘用、考核、复审、档案管理要求。

示例1：某航空公司关于应急培训内部教员的规定内容节选

1. 目的

为规范公司应急培训内部教员的管理与聘任工作，特制定本规定。

2. 适用范围

（1）公司及各部门聘任的内部应急管理教员，包含综合类、指挥类、安保类、服务类、运行类、专业类（飞行、机务等）等。

（2）公司各级管理干部均为内部教员。

3. 业务培训教员的分类

（1）公司负责教员的评聘，各部门负责预备教员的评聘。

（2）按照所授课程分为综合类、指挥类、安保类、服务类、运行类、专业类（飞行、机务等）。

4. 工作要求

4.1 培训教员的选拔和聘任要求

4.1.1 理论培训教员的资格要求

（1）需全日制本科（含）以上学历。

（2）岗位工作经历1年（含）以上。

（3）有良好的教学沟通能力。

（4）具有编写讲义、教材、测试题的能力，掌握办公软件，能熟练制作教学演示课件等。

（5）参加过国家、局方行业知识竞赛并取得名次的自动聘任为教员。

4.1.2 实操培训教员的资格要求

（1）全日制专科（含）以上学历。

（2）岗位工作经历2年（含）以上。

（3）有良好的教学沟通能力。

（4）具备本业务要求的相关执照。

（5）参加过国家、局方行业知识竞赛、比武并取得名次的自动聘任为教员。

4.1.3　申请和初选

（1）教员申请人经所在部门培训管理人员初审后报所在部门负责人审查，通过后报公司培训管理人员。

（2）公司培训管理人员参照以上教员资格要求，核对申请人员资格是否符合要求，对符合要求的，进行培训与评聘，并将结果报公司分管副总经理批准。

（3）各部门参照本单位规定进行。

4.1.4　培训技能培训

公司通过外请培训机构或外送的方式，对通过初选的人员进行培训技能的培训。

4.1.5　评定

公司组织经过培训的申请人进行试讲，并组织行业及公司相关专家对申请人进行评定。

4.1.6　聘用

（1）公司对通过评定的公司级应急培训教员予以聘任。

（2）各部门对通过评定的部门级应急培训教员予以聘任。

（3）教员聘任期为2年，期满需经过公司复审合格方能续聘。部门级教员由部门自行组织续聘事宜。

4.1.7　教员职责

（1）教员授课前应备课，按照相应培训大纲对所授课程规定的内容和学时进行授课。

（2）教员负责对培训课件进行动态管理，及时更新完善，保证课件知识完整、标准有效。

（3）教员授课满意度需达良好以上。

4.1.8　教员档案管理

（1）各部门培训管理员负责维护本单位各级教员的档案。

（2）部门培训管理人员负责建立本单位教员花名册。

4.2　教员考核

（1）培训教员授课当日，培训组织方需组织参训人员对其授课进行满意度评估，并在5个工作日内将评估结果反馈给教员本人进行针对性改进。

（2）公司、各部门根据公司教员考核细则对教员进行考核，各部门每年12月×日前反馈公司。

4.3　教员复审

（1）聘任到期的公司级教员如未申请退出，且授课满意度持续保持在8.5分以上，自动续聘。

（2）若同一教员连续三次满意度评估低于良好，取消教员资格，不再接受评聘需求。

5. ……

应急培训内部教员档案

<table>
<tr><td>姓名</td><td colspan="2"></td><td>单位</td><td colspan="2"></td><td>部门</td><td></td></tr>
<tr><td>岗位</td><td colspan="3"></td><td colspan="2">聘任日期</td><td colspan="2"></td></tr>
<tr><td colspan="8">授课记录</td></tr>
<tr><td>序号</td><td>培训时间</td><td colspan="2">课程</td><td>课时</td><td>考核方式</td><td>考核合格率</td><td>培训效果评估得分</td></tr>
<tr><td></td><td></td><td colspan="2"></td><td></td><td></td><td></td><td></td></tr>
<tr><td></td><td></td><td colspan="2"></td><td></td><td></td><td></td><td></td></tr>
<tr><td>累计授课课时</td><td colspan="7"></td></tr>
<tr><td colspan="8">参训记录（与教员能力提升相关）</td></tr>
<tr><td>序号</td><td>参训日期</td><td colspan="2">课程</td><td>课时</td><td>组织单位</td><td>参训方式</td><td>所取得证书</td></tr>
<tr><td></td><td></td><td colspan="2"></td><td></td><td></td><td></td><td></td></tr>
<tr><td></td><td></td><td colspan="2"></td><td></td><td></td><td></td><td></td></tr>
<tr><td>累计参训课时</td><td colspan="7"></td></tr>
<tr><td colspan="8">考核结果记录</td></tr>
<tr><td>序号</td><td colspan="2">年份</td><td colspan="5">考核结果</td></tr>
<tr><td></td><td colspan="2"></td><td colspan="5"></td></tr>
<tr><td></td><td colspan="2"></td><td colspan="5"></td></tr>
</table>

示例：某机场应急管理信息系统中“应急培训师资管理”模块

某机场应急管理信息系统中“应急培训师资管理”模块见图 5-6。

图 5-6　某机场应急管理信息系统中“应急培训师资管理”模块

5.3.3　培训经费

民航单位应保证足够的应急培训经费投入，纳入民航单位应急管理专项工作经费统筹管理和使用；培训经费应优先保障资质类培训需求。

5.3.4　培训知识

培训知识是民航单位顺利开展应急培训的重要保证，主要包括培训课程、培训教材、培训课件、试题试卷等。

民航单位及下属各单位应组织建立符合自身需求的培训知识资源体系，针对不同培训对象建立培训课程体系，组织编写相关教材和课件，并制定相关制度明确培训课件和试题的编写、审批、存档要求。

有条件的民航单位，可建立培训课程、培训教材、培训课件、试题试卷等资源的信息管理系统，供学员线上查阅、学习和使用，提高应急培训的效率和效果。

示例1：某航空公司关于应急培训课程和课件的规定（节选）

公司明确培训课程和课件的编写、审批、存档要求。所有的培训课程都应编写教学大纲，培训课件使用公司统一PPT模板；除外委培训和邀请外部专家授课外，各培训组织部门应对本单位组织培训的课件进行评审。

（1）评审应不晚于培训开始前一周。

（2）参与评审人员应包括相关专业/业务的专家。

（3）课件评审应做好评审记录并填写课程评审表（见下表），包括但不限于：课件制作人员、课件名称、参与评审人员、评审时间、评审地点、改进建议。

（4）如有必要，可在课件改进后，组织再次评审。

课程评审表

<table>
<tr><td colspan="2">课题名称</td><td></td><td>部门名称</td><td></td></tr>
<tr><td colspan="2">开发人员</td><td colspan="3"></td></tr>
<tr><td>指标</td><td>分值</td><td colspan="2">评估内容</td><td>评分</td></tr>
<tr><td rowspan="3">课程规划</td><td>5</td><td colspan="2">课程题目清晰、凝练、精心设计</td><td></td></tr>
<tr><td>5</td><td colspan="2">教学目标明确，能够解决问题</td><td></td></tr>
<tr><td>5</td><td colspan="2">培训对象明确，具有针对性</td><td></td></tr>
<tr><td rowspan="6">内容结构</td><td>5</td><td colspan="2">课程大纲制作全面、精细，逻辑性强</td><td></td></tr>
<tr><td>10</td><td colspan="2">课件PPT制作简洁、美观、重难点分明</td><td></td></tr>
<tr><td>10</td><td colspan="2">课程要素完整，包含导入、教员简介、课程目标、主体内容、研讨与答疑、收尾等要素</td><td></td></tr>
<tr><td>10</td><td colspan="2">课程主体内容层次分明、条理清晰、具有逻辑性</td><td></td></tr>
<tr><td>10</td><td colspan="2">案例充分且易理解，对学员学习起到辅导作用</td><td></td></tr>
<tr><td>5</td><td colspan="2">课程各部分之间过渡衔接流畅、不生硬</td><td></td></tr>
<tr><td rowspan="2">方法设计</td><td>10</td><td colspan="2">教学重难点内容突出，有效匹配对应的教学方法</td><td></td></tr>
<tr><td>10</td><td colspan="2">教学顺序、教学活动安排、媒体的选择等与教学目标、教学内容、学员特征相匹配</td><td></td></tr>
<tr><td rowspan="3">成果传承</td><td>5</td><td colspan="2">教员手册内容完善</td><td></td></tr>
<tr><td>5</td><td colspan="2">授课脚本、教学方法详细，起到培训传承作用</td><td></td></tr>
<tr><td>5</td><td colspan="2">有良好应用效果，具有使用、输出、推广价值</td><td></td></tr>
<tr><td colspan="4">合计</td><td></td></tr>
<tr><td rowspan="3" colspan="2">综合评定</td><td>结果</td><td colspan="2">□评审通过　　□评审不通过</td></tr>
<tr><td>建议</td><td colspan="2"></td></tr>
<tr><td>评委签名</td><td colspan="2"></td></tr>
</table>

示例 2：某机场指挥员应急培训课程体系（节选）

培训类别	培训课程	培训内容	培训课时
综合通识	行政管理	…	4
	证件管理		4
	机场安全管理体系		4
	机场服务管理体系		4
	企业文化与职业道德		4
	民航英语		8
专业理论	民用机场基础知识	…	16
	民用航空器		8
	民航运输管理		8
	空中交通管理		8
	机场信息系统		4
	民用机场运行指挥相关法律规范		4
	航班保障与指挥协调管理		16
	机坪运行管理		16
	应急救援		16
	航空事故、征候与调查		4
	机场安全管理		8
	机场安保与空防安全		4
专业实操	机场关键系统（离港、行李、安检、GIS、车辆管理系统等）	…	4
	大面积航班延误应急处置预案		4
	机场值班管理办法		4
	AOC 运行管理平台		4
	施工维护信息通报工作程序		4
	航班备降工作程序		4
	机位超负荷处置预案		4
	运管委及协同决策机制		4
	航班正常管理		4
	航班信息管理		4
	运行资源管理		4
	机场运行流程标准		4
	应急处置		4
	安全信息管理		4
	一般不安全事件处置		4

示例3：某机场编制的应急培训课程教学大纲示例

“航空器突发事件应对通识”教学大纲

一、教学目的

本课程教学的主要目的是通过系统学习，熟悉航空器突发事件应对的相关基础知识，掌握必要的处置流程与知识要点，了解消防、急救等专业救援力量的处置流程和要点。

二、教学内容、教学方式及学时分配

序号	教学内容及要求（详细）	教学方式	学时/h
一	航空器相关基础知识	课堂讲授/研讨/答疑	0.5
1	机场运营的常见航空器	课堂讲授/答疑	0.3
2	航空器基本结构	课堂讲授	0.2
二	航空器突发事件分类分级	课堂讲授	1.0
1	航空器突发事件主要类型及可能造成的不良影响	课堂讲授	0.5
2	航空器突发事件应急救援响应等级与机场应急响应等级	课堂讲授	0.5
三	航空器突发事件应对要点	课堂讲授/答疑	2.5
1	机场应急指挥体系模式与运作机制	课堂讲授/答疑	0.3
2	机场各级领导担任角色与工作职责	课堂讲授/研讨	0.2
3	机场各单位在航空器应急救援工作中的职责	课堂讲授/研讨	0.5
4	航空器突发事件信息传递流程与要求	课堂讲授/研讨	0.5
5	航空器突发事件应急处置工作的主要流程	课堂讲授/研讨	1
	总课时		4

三、教学设施、设备要求

（1）多媒体教学设备。

（2）白板。

四、参考书目

（1）中国民用航空局职业技能鉴定指导中心编写的《机场运行指挥员》（中国民航出版社，2018）。

（2）熊康昊、赵勇军、宋亚胜等撰写的《机场应急管理与应急救援理论、实践与探索》（中国工人出版社，2018）。

示例4：白云机场编制的应急培训教材、课件

白云机场编制的应急培训教材、课件（节选）见图5-7。

广州白云国际机场股份公司

01 值班领导

应急知识手册

目 录

图 5-7 白云机场编制的应急培训教材、课件

5.3.5 培训档案

民航单位应建立应急培训档案管理制度，及时掌握各类应急培训的开展情况和各类人员的受训情况。

民航单位及下属各单位应为每位员工建立学员应急培训档案，包括培训对象、培训单位、培训年月、培训科目、是否获证、证书编号、是否民航行业认可的培训机构等内容。

应急培训档案根据工作便利，可融入安全培训档案之中。

示例 1：某单位建立的应急培训学员档案（节选）

某单位建立的应急培训学员档案（节选）见图 5-8。

编号：______

员工应急档案

单位：______

部门：______

姓名：______

×××

二零二二年制

概况

姓名		性别		出生年月		照片
文化程度		毕业院校				
毕业时间		职务		职称		
岗位				工作时间		
工作经历						
起止日期	单位					职务/岗位

应急培训记录

一、岗前培训

级别	日期	内容	学时	负责部门	考核
公司级					
部门级					
岗位级					

二、资质类培训（按需填写本项）

日期	内容	学时	负责单位	考核

图 5-8 某单位建立的应急培训学员档案

示例 2：某机场应急管理信息系统中“应急培训学员管理”模块

某机场应急管理信息系统中“应急培训学员管理”模块见图 5-9。

示例 3：某机场消防急救队伍资质证书培训档案（节选）

某机场消防急救队伍资质证书培训档案（节选）见图 5-10。

示例 4：民航应急管理监察员技术档案

民航应急管理监察员技术档案见图 5-11。

图 5-9　某机场应急管理信息系统中“应急培训学员管理”模块

序号	部门	岗位名称	岗位属性	岗位人数	岗位证书名称	备注
1	—	主控指挥通讯员	生产作业类	—	通讯员证书	
2	—	消防监控员	生产作业类	—	建筑物消防员	
3		驾驶员	生产作业类	—	驾驶证	
4	—	战斗员	生产作业类	—	火火救援员	
5		通讯员	生产作业类	—	通讯员证书	
6		驾驶员	生产作业类	—	驾驶证	
7	—	战斗员	生产作业类	—	火火救援员	
8		通讯员	生产作业类	—	通讯员证书	
9		驾驶员	生产作业类	—	驾驶证	
10	—	战斗员	生产作业类	—	火火救援员	
11		通讯员	生产作业类	—	通讯员证书	
12	—	医生	专业技术	—	执业医师证书	
13		护士	专业技术	—	护士资格证书	
14		救护车驾驶员	生产作业类	—	驾驶证	
15		消防指挥员	生产作业类	—	民航消防指挥员	含三、二、一级

图 5-10　某机场消防急救队伍资质证书培训档案（节选）

个人基本信息：					
姓　名		性　别		民族	
出生年月		政治面貌		最高学历	
工作单位及部门				职务	
电子邮箱				电话	
教育背景					
专业特长					
监察员证件信息：					
证件编号					
初级监察员任职时间					
中级监察员任职时间					
高级监察员任职时间					

培训记录：					
培训类别	培训时间	培训地点	承办机构	考核成绩	证书编号
初始业务培训					
持续业务培训					

图 5-11　民航应急管理监察员技术档案

5.3.6 制度保证

为了保证以上应急培训工作顺利开展，民航单位除“5.2.1.2 培训大纲或指南”部分要求编制应急培训大纲或指南外，还应对应急培训的计划制定和执行、实施与监管、考核与评估、台账与档案、师资管理、课程管理、课件管理等制定相关制度性文件。

这些制度性文件可以仅适用于某一类应急管理领域，也可适用所有应急管理领域，但均在文件中予以明确。

示例 1：以某航空公司为例

其在编制培训大纲之外，又制定了以下应急培训制度性文件：

▶应急管理规定（“应急培训”部分）；

▶应急培训实施、评估、考核与记录管理办法；

▶应急培训教员管理办法；

▶应急培训课程课件管理办法（含教学大纲、课件模板等）；

▶应急培训设施、设备、系统与物资管理办法；

▶……

其中，部分制度性文件已经在前文中引用，读者可自行参阅。

示例 2：民航应急管理监察员业务培训管理办法

民航应急管理监察员业务培训管理办法（节选）见图 5-12。

管理程序

中国民用航空局综合司

编　　号：AP-397-GO-02

下发日期：2014年7月1日

民航应急管理监察员业务培训管理办法

图5-12　民航应急管理监察员业务培训管理办法（节选）

6 应急演练

应急演练是指开展所需的，符合相关标准的各种类型演练，以及对演练效果的评估和改进活动。

“应急演练”建设包括演练目的与原则、演练类型与要求、演练组织与实施、演练资源与保证四个基本要素，其下又细分为若干子要素，具体见图 6-1。

本部分内容主要引用和参考《生产安全事故应急演练基本规范》（AQ/T 9007—2019）（以下简称《基本规范》）及《民航应急预案管理办法》（民航规［2019］38 号）。

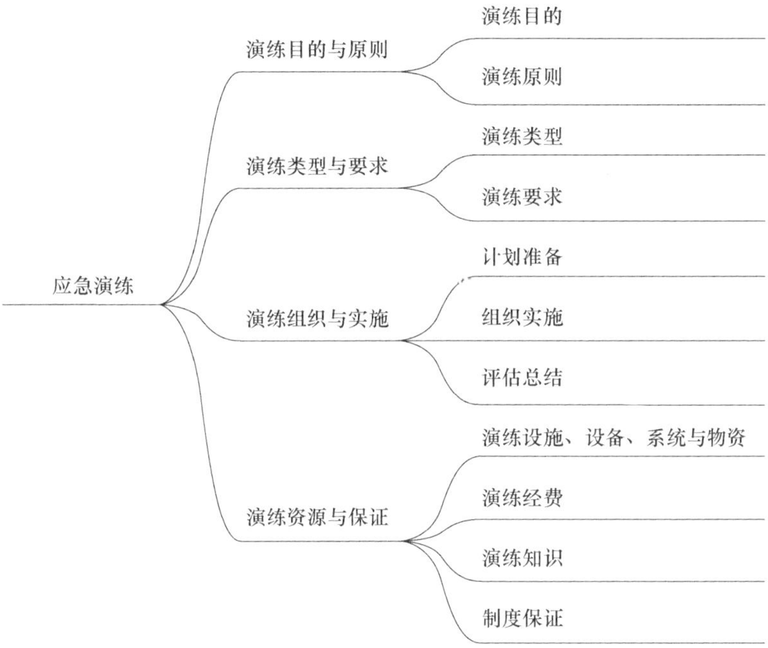

图 6-1 “应急演练”部分要素概览

6.1 演练目的与原则

6.1.1 演练目的

参照《基本规范》并结合民航实际，民航单位应急演练有以下 5 个主要目的：

（1）检验预案：发现应急预案中存在的问题，提高应急预案的针对性、实用性和可操作性；

（2）完善准备：完善应急管理标准制度，改进应急处置技术，补充应急装备和物资，提高应急能力；

（3）磨合机制：完善应急管理部门、相关单位和人员的工作职责，提高协调配合能力；

（4）宣传教育：普及应急管理知识，提高参演和观摩人员风险防范意识和自救互救能力；

（5）锻炼队伍：熟悉应急预案，提高应急人员在紧急情况下妥善处置事故的能力。

6.1.2 演练原则

参照《基本规范》并结合民航实际，民航单位应急演练应遵循以下工作原则：

（1）符合相关规定：按照国家相关法律、法规、标准及有关规定组织开展演练；

（2）依据预案演练：结合面临的风险和突发事件特点，依据应急预案组织开展演练；

（3）注重能力提高：以提高指挥协调能力、应急处置能力为主要出发点组织开展演练；

（4）确保安全有序：在保证参演人员及设备设施安全的条件下组织开展演练；

（5）统一规划，分项实施，突出实战，适应需求。

6.2 演练类型与要求

6.2.1 演练类型

参照《基本规范》并结合民航实际，民航单位应急演练是指针对可能发生的突发事件情景，依据应急预案而模拟开展的应急活动。

6.2.1.1 内容——综合演练、单项演练

按照演练内容划分，应急演练分为综合演练和单项演练。

综合演练，是指针对应急预案中多项或全部应急响应功能开展的演练活动。

单项演练，是指针对应急预案中某一项应急响应功能开展的演练活动。

6.2.1.2 形式——桌面演练、实战演练

按照形式划分，应急演练分为桌面演练和实战演练。

桌面演练，是指针对事故情景，利用图纸、沙盘、流程图、计算机模拟、视频会议等辅助手段，进行交互式讨论和推演的应急演练活动。

实战演练，是指针对事故情景，选择（或模拟）生产经营活动中的设备、设施、装置或场所，利用各类应急器材、装备、物资，通过决策行动、实际操作，完成真实应急响应的过程。

6.2.1.3 目的与作用——检验性演练、研究性演练、示范性演练

按目的与作用划分，应急演练分为检验性演练、研究性演练和示范性演练。

检验性演练，是指为检验应急预案的可行性、应急准备的充分性、应急机制的协调性及相关人员的应急处置能力而组织的演练。

研究性演练，是指为探讨和解决事故应急处置的重点、难点问题，试验新方案、新技术、新装备而组织的演练。

示范性演练，是指为检验和展示综合应急救援能力，按照应急预案开展的具有较强指导宣教意义的规范性演练。

除了以上三种维度的演练分类外，实务中，还存在以是否编制脚本为区分的有脚本演练和无脚本演练，乃至在无脚本基础上，再叠加无通知和无准备的“三无演练”。

民航单位可根据实际情况采取多种方式组织开展演练。鼓励开展不提前预告方式的应急演练。

需要注意的是，目前民航规章中的应急演练定义和分类与《基本规范》不尽相同，甚至不同规章所定义的演练类型也不相同。民航各单位可以以上演练类型为参考，根据自身实际和相关领域法规要求，定义本单位的演练类型。

备注1：《民用运输机场突发事件应急救援管理规则》中的演练定义与类型

《民用运输机场突发事件应急救援管理规则》（交通运输部令2016年第45号）（以下简称《应急救援管理规则》）第五十三条指出：

“应急救援演练分为综合演练、单项演练和桌面演练三种类型。

综合演练是由机场应急救援工作领导小组或者其授权单位组织，机场管理机构及其各驻机场参加应急救援的单位及协议支援单位参加，针对模拟的某一类型突发事件或几种类型突发事件的组合而进行的综合实战演练。

单项演练是由机场管理机构或参加应急救援的相关单位组织，参加应急救援的一个或几个单位参加，按照本单位所承担的应急救援责任，针对某一模拟的紧急情况进行的单项实战演练。

桌面演练也称指挥所推演，是由机场管理机构或参加应急救援的相关单位组织，各救援单位参加，针对模拟的某一类型突发事件或几种类型突发事件的组合以语言表达方式进行的综合非实战演练。”

（1）概念基本一致。结合《基本规范》的相关条文，可以看出其在应急演练的基本定义和分类上基本保持一致。

（2）类型名称略有差别。由于机场的行业特点和惯例，在具体类型名称上略有差别，但并不会对工作带来不良影响。

《应急救援管理规则》中的“综合演练”即《基本规范》中的“综合实战演练”；“单项演练”即“单项实战演练”；“桌面演练”即《基本规范》中“桌面演练”，不再区分单项和实战。

（3）机场分类缺少一个关键维度。机场的应急演练分类相比安全行业标准缺少了“目的与作用”维度，即缺失了“检验性演练、研究性演练和示范性演练”类型体系，而这正是导致当前机场对于各类应急演练认知不清晰、工作不顺畅的根源。

备注2：《民用航空安全保卫应急演练管理规定》中的演练定义与类型

《民用航空安全保卫应急演练管理规定》（以下简称《安保演练规定》）第三十条规定：

“本规定下列术语的含义是：

（一）单项演练是由负有应急处置责任的单一应急机构针对某一模拟突发事件进行的演练活动。此类演练注重对一个部门内部，针对自身某一个特定环节或功能的检验。

（二）综合演练是由多个应急机构参与，共同针对某一类型或者几种类型模拟突发事件的组合而开展的演练活动。此类演练注重对多个环节和功能进行检验，特别是参与应急处置的单位之间的通知程序、通信联络、应急反应、现场处置、协同配合和指挥协调等方面的总体情况。

（三）桌面演练是以语言表述的方式进行的室内演练活动，由相关参演单位人员，按照应急预案，讨论和模拟进行应急状态下应采取的行动。此类演练主要检验参演人员对突发事件通知程序的熟悉程度及其现场处置、协调指挥能力。

（四）实战演练是一种模拟突发事件真实场景条件下的演练活动，由相关参演单位和人员，按照应急预案，运用真实装备，采取实际行动进行演练。此类演练主要检验和提高相关人员的现场组织指挥、队伍调动、应急处置和后勤保障等应急能力。

（五）程序性演练是参演人员根据事先编制的演练方案和脚本，结合各自职能分工，逐条分项推演，熟悉突发事件的应对工作流程，对工作程序进行验证的演练活动。

（六）考核性演练是事先编制多场景的演练方案和脚本，由导演人员随机下达演练场景的信息指令，使参演人员依据信息和指令自主进行响应，对参演人员的应对能力进行考核的演练活动。

（七）检验性演练是在不事先编制演练脚本的情况下，由参演人员根据突发事件情景梗概，依据相关预案和自身应急工作经验自主响应，对参演人员自主应对事件的能力进行检验的演练活动。"

可以看出，其与《基本规范》在基础定义上就有很大区别，如《基本规范》区分"综合演练"和"单项演练"的标准是预案中的响应活动多少；而《安保演练规定》则是以参演单位来界定。

桌面演练和实战演练区别不大；但是所谓的"程序性、考核性和检验性"又和《基本规范》不同。

示例：以白云机场应急演练分类为例，在《广州白云国际机场应急管理办法》中，将白云机场应急演练分为综合演练、单项演练、桌面演练和应急测试4种类型。

（1）综合演练是由机场应急救援工作领导小组或者其授权单位组织，机场相关应急救援保障单位参加，针对模拟的某一类型突发事件或几种类型突发事件的组合而进行的综合实战演练。

（2）单项演练是由机场管理机构或参加应急救援的相关单位组织，参加应急救援的一个或几个单位参加，按照本单位所承担的应急救援责任，针对某一模拟的紧急情况进行的单项实战演练。

（3）桌面演练是由机场管理机构或参加应急救援的相关单位组织，各救援单位参加，针对模拟的某一类型突发事件或几种类型突发事件的组合以语言表达方式进行的非实战演练。

（4）应急测试是由机场管理机构或参加应急救援的相关单位组织，针对模拟的某一项处置任务、某一类型突发事件或几种类型突发事件的组合，以不预先通知时间、地方和测试内容的方式进行的实战演练或非实战演练。

其基本按照《应急救援管理规则》分类，但是根据机场实际，增加了"应急测试"，在其他机场也称之为"应急拉练"，实质是以"三无形式"（无脚本、无通知、无准备）形式开展的"检验性"演练（"综合/单项""桌面/实战"）。

备注3：《"无脚本"演练一定好？"演戏式"演练一定差？——应急演练二三事》

由于很多民航单位对应急演练的类型长期存在概念混淆，笔者将之前写过的一篇文章《"无脚本"演练一定好？"演戏式"演练一定差？——应急演练二三事》附在本书后，供各单位参阅。

6.2.2 演练要求

民航单位在具体突发事件应急管理领域应根据相关法规标准要求及本单位应急管理职责和工作实际，明确各项演练活动的具体工作要求，主要包括演练计划、演练频次等。

如按照《民航应急预案管理办法》的要求，应急演练的周期应当在预案中明确规定，专项应急预案至少每三年进行一次演练。运输航空公司、航空服务保障公司、运输机场公司、民航局空管局等单位，应当有针对性地经常组织开展演练。

这些演练要求可以在预案中明确，也可以在单独制定的应急管理或应急演练制度性文件中明确。

示例：以白云机场应急演练分类为例

在《广州白云国际机场应急管理办法》中规定，机场应急综合演练应当至少每三年举行一次；未举行综合演练的年度应当至少举行一次桌面演练；机场各应急救援保障单位每年至少应当举行一次单项演练。

负责制定航空器类突发事件专项应急预案、非航空器类突发事件专项应急预案的责任单位每年应至少牵头组织一次专项应急预案演练，对预案中涉及的一类突发情况或事件场景进行全流程的模拟演练，参演单位应包括预案中涉及的主要单位。

白云机场从事易燃易爆物品、危险化学品等危险物品的生产、经营、储存、运输单位，城市轨道交通运营、建筑施工单位，以及航站楼、停车楼、宾馆等人员密集场所经营单位，应当至少每半年组织一次突发事件应急预案演练，并将演练情况报送所在地县级以上地方人民政府负有安全生产监督管理职责的部门。

6.3 演练组织与实施

根据《民航应急预案管理办法》，应急演练应当坚持“统一规划，分项实施，突出实战，适应需求”的原则，按照计划准备、组织实施、评估总结三个阶段进行。

参照《基本规范》与《民航应急预案管理办法》并结合民航实际，民航单位应急演练组织与实施包括计划准备、组织实施、评估总结三个阶段与演练计划、演练准备、熟悉演练任务和角色、组织预演、现场检查、演练实施、演练记录、评估准备、演练结束、演练评估、演练总结、资料归档、持续改进13个环节，具体见图6-2。

6.3.1 计划准备

6.3.1.1 演练计划

演练计划概述了民航单位各领域应急管理工作体系建设中实施应急演练所预期达到的目标及为此而准备实施的计划。

民航单位应根据本单位应急管理职责和工作实际，制定本单位每类突发事件应急管理领域的应急演练工作计划，民航单位下属各单位也应制定本单位的应急演练工作计划，并报送民航单位相关部门备案。

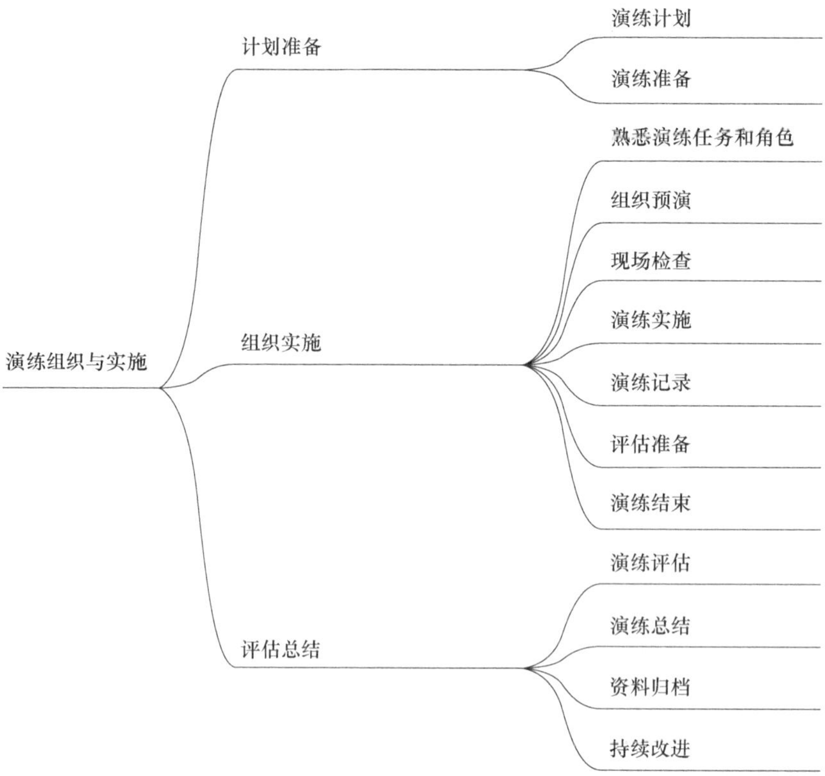

图 6-2 “演练组织与实施”部分要素概览

民航单位应将应急演练工作纳入年度工作计划，并将应急演练工作完成情况纳入绩效考核。

演练计划工作可有机融入“规划计划”工作中，作为“中长期目标与规划”“年度目标与计划”“短期目标与计划”的一项重要内容，协同开展。

参照《基本规范》并结合民航实际，民航单位的“演练计划”工作可以按照需求分析、明确任务、制定计划三个步骤开展。

（1）需求分析。全面分析和评估本单位应急预案、应急职责、应急处置工作流程和指挥调度程序、应急技能和应急装备、物资的实际情况，结合法规标准要求，提出需要开展的各种演练类型次数，有针对性地确定各个应急演练的目标，提出各个应急演练的初步内容和主要科目。

（2）明确任务。确定各个应急演练的情景类型、演练方式、参演单位、主要任务、拟定日期等。

（3）制定计划。根据需求分析及任务安排，组织人员编制演练计划文本。

计划文本中包含每个演练的目的、类型（形式）、时间、地点，演练主要内容、参加单位等要素。

示例：某空管站单位层级应急演练计划

某空管站单位层级应急演练计划见图 6-3。

序号	演练内容	涉及预案	演练时间	演练方式	组织部门	演练部门
1	主用内话系统故障	空中交通服务突发事件综合应急预案 空管运行环境突发事件综合应急预案 通信能力降低或丧失专项应急预案	第一季度	现场演练	综合业务部	管制部 技保部
2	航空器突发事件应急演练	航空器突发事件应急预案	第二季度	现场演练	应急办	管制部 技保部 气象台 安管部
3	塔台反恐怖应急演练	空中交通服务突发事件综合应急预案 监视能力降低或丧失专项应急预案	第三季度	现场演练	办公室	后服中心 管制部 技保部 实业公司
4	主用自动化系统故障	空中交通服务突发事件综合应急预案 监视能力降低或丧失专项应急预案	第四季度	现场演练	综合业务部	管制部 技保部

图 6-3 某空管站单位层级应急演练计划

6.3.1.2 演练准备

（1）成立演练组织机构。根据《基本规范》，大规模的演练活动（如综合实战演练等）通常需要成立演练领导小组，演练领导小组下设策划与导调组、宣传组、保障组、评估组等。其他类型演练，根据演练规模大小，其组织机构设置和名称可进行适当调整。

1）领导小组。负责演练活动筹备和实施过程中的组织领导工作，具体负责审定演练工作方案、演练工作经费、演练评估总结以及其他需要决定的重要事项等。

2）策划与导调组。负责编制演练工作方案、演练脚本，演练安全保障方案，负责演练活动筹备、场景布置，演练进程控制和参演人员调度以及与相关单位、工作组的联络和协调等。

3）宣传组。负责编制演练宣传方案，整理演练信息，组织新闻媒体和开展新闻发布。

4）保障组。负责演练的物资装备、场地、经费、安全保卫及后勤提供保障。

5）评估组。负责对演练准备、组织与实施进行全过程、全方位的跟踪评估；演练结束后，及时向演练单位或演练领导小组及其他相关专业组提出评估意见、建议并撰写演练评估报告。

示例：某机场组织三年一次综合演练的组织机构

某机场组织三年一次综合演练的组织机构见图 6-4，其中演练策划组与拍摄导调组即策划导调组，接待保障组、观摩保障组即为保障组，评估组由局方组织不在机场演练组织机构之列。

演练组织机构

演练领导组			
序号	姓名	联系电话	职责
1	×××	…	组长
2	×××	…	组长
3	×××	…	副组长
4	×××	…	副组长

演练策划组			
序号	姓名	联系电话	职责
1	×××	…	组长
2	×××	…	成员

拍摄导调组			
序号	姓名	联系电话	职责
1	×××	…	组长
2	×××	…	成员

接待保障组			
序号	姓名	联系电话	职责
1	×××	…	组长
2	×××	…	组长
3	×××	…	成员

观摩保障组			
序号	姓名	联系电话	职责
1	×××	…	组长
2	×××	…	成员

媒体宣传组			
序号	姓名	联系电话	职责
1	×××	…	组长
2	×××	…	成员

图 6-4　某机场组织三年一次综合演练的组织机构

（2）编制演练文件。

1）演练方案。应急演练前，组织实施演练的单位应当制定演练方案，一般包括演练名称、目标、方法、程序、人员、装备、物资、经费等内容。

主要要素有：

①应急演练目的及要求；

②应急演练情景设计；

③应急演练规模及时间；

④参演单位和人员主要任务及职责；

⑤应急演练筹备工作内容；

⑥应急演练主要步骤；

⑦应急演练技术支撑及保障条件；

⑧应急演练评估与总结。

根据《民航应急预案管理办法》，涉及民航管理部门、航空公司、航空服务保障公司、民航单位、空管等多家单位共同参与的大型综合性演练，演练所在地的民航地区管理局应当在演练开始前 7 个工作日将演练方案报民航局备案。

示例：以某机场三年一次综合演练的演练方案（节选）为例

××机场应急救援综合演练方案

一、演练目的

根据《民用运输机场突发事件应急救援管理规则》（交通运输部令 2016 年第 45 号）、《生产安全事故应急演练基本规范》（AQ/T 9007—2019）等规章标准，通过本次综合实战演练，主要达到以下目的：

（一）检验预案

……

（二）完善准备

……

（三）磨合机制

……

（四）宣传教育

……

（五）锻炼队伍

……

（六）……

二、演练依据

《中华人民共和国突发事件应对法》

《中华人民共和国安全生产法》

《生产安全事故应急条例》（国务院令 第 708 号）

……

三、参演单位

……

四、督导及观摩人员

（一）督导人员

……

（二）观摩人员

……

五、时间及地点

（一）演练时间

……

（二）演练地点

……

（三）演练时长

……

六、演练模拟情景

某月某日，……

航空器接地过程中突然遭遇强侧风天气，偏出跑道，前起落架陷入跑道旁的土面区并折断，同时导致后货舱所装载含有锂电池的设备起火，前货舱酒精泄漏。

……

七、演练主线环节

（一）爆炸物威胁信息接收与处置

……

（二）响应升级与启动集结待命

……

八、参演单位及职责

（一）××机场

（1）筹备职责：……

（2）演练职责

1）应急救援指挥中心：……

2）……

（二）××航空公司

（1）筹备职责：……

（2）演练职责：……

（三）……

九、通信联络

（一）通信方式

各级指挥员统一使用800MHz对讲机专用频道联络。

（二）通信要求

……

十、中止程序

演练过程中如发生突发事件，演练总指挥立即指令各参演单位中止演练，按应急救援预案投入应急救援工作。

十一、演练总结

（一）时间、地点

演练结束后，机场组织参演单位于择日在机场召开演练总结会。

（二）参加人员

局方、各参演单位领导及相关人员。

（三）总结内容

演练过程回顾，各单位的配合情况，存在的不足及今后重点解决的问题。

十二、演练要求

（一）各单位对演练要高度重视，从实战出发，各司其职，按照手册、预案的要求完成相关工作。

（二）各单位应根据演练方案及本单位职责制定演练计划，要加强应急救援预案的培训，使参加救援的人员掌握应急救援操作程序，熟悉演练流程，明确本单位任务。

（三）各单位现场参演人员应按规范穿戴防护装备，所有涉及处置人员在处置结束后应进行防疫消杀。

（四）……

附件：1. 演练组织机构

2. 现场布置图

3. ……

2）演练脚本。根据需要，可编制演练脚本。演练脚本是应急演练工作方案具体操作实施的文件，帮助参演人员全面掌握演练进程和内容。

演练脚本可采取文本或表格形式，主要内容包括：演练模拟情景；处置行动与执行人员；指令与对白、步骤及时间安排；视频背景与字幕；演练解说词等。

演练组织方也可不编制演练脚本，开展无脚本演练。

备注：

演练脚本相关内容参见附件《“无脚本”演练一定好？“演戏式”演练一定差？——应急演练二三事》。

示例1：某空管站疫情防控应急演练脚本（节选）

某空管站疫情防控应急演练脚本（节选）见图6-5。

第五场景 新型冠状病毒疫情感染

主持人：2021年5月某日，9：50，我站机场管制部XX班组，XXX管制员感到身体乏力，浑身发冷，伴有咳嗽，马上向部门值班领导报告，安排应急值班车辆送医院检查，急诊医生通过核酸检测确诊感染新型冠状病毒，上报区疫情防控指挥部联系主治医院住院治疗。空管站立即启动应急预案排查密切接触者，封闭重点管制工作区域，组织相邻班组人员进行自我隔离观察。管制员因强制隔离观察值班人员出现短缺，或需要空管局组织管制员进行增援。

- **管制员（虚弱状向带班主任报告）：**曾主任，我身体不舒服，浑身发冷，感觉有点发烧，还有咳嗽，我感觉不再适合继续值班。
- **管制室带班主任（疾步赶来略带紧张）：**你现在感觉怎么样，先测一下体温，我安排其他人员接你的班，先回宿舍302房间休息！不要到处走动，有什么情况及时报告。
- **管制员：**我的体温刚量了一下是37.5
- **管制室带班主任（电话联系休息室备份人员）：**董xx，你过来接替一下XXX，他有点不舒服，需要暂时休息一下。
- **管制室带班主任（电话报告管制部值班领导）：**书记，我班组XXX同志，身体发烧咳嗽，体温是37.5，已安排该同志回宿舍302房间休息，临时由XXX同志接替他的管制工作，同时建议单位安排车辆送XXX到医院诊断一下，联系方式：1234567809。

图6-5 某空管站疫情防控应急演练脚本（节选）

示例2：某机场无脚本演练的主持人脚本（节选）

某机场无脚本演练的主持人脚本（节选）见图6-6。

本次演练采用无脚本形式，由主持人控制演练节奏，各单位按照次序分别阐述处置职责、流程、原则、措施、动作和要点.

（一）先期处置与信息通报

主持人：演练开始，2021年11月24日21:45，暴雨，Z航空公司一架飞机在降落时偏出跑道，停止在A5联络道附近，起落架轮子外胎破裂，飞机内两名旅客受伤，机组实施紧急撤离，并立即将相关信息报告空管塔台，现在，开始演练科目一：先期处置与信息通报，请空管塔台与运行管理部依次阐述各自处置动作。

1.空管站：……

2.运行管理部：……

（二）指令发布与响应启动

主持人：运行管理部收到塔台传递的信息后，立即开展响应启动与指令发布工作，现在开始演练科目二：响应启动与指令发布，请运行管理部与各应急救援保障单位依次阐述各自动作。

1.运行管理部（指令发布动作）：

2.值班经理室（快速响应动作）：

图6-6 某机场无脚本演练的主持人脚本（节选）

3）评估方案。演练评估方案通常包括：

①演练信息：应急演练目的和目标、情景描述，应急行动与应对措施简介等；

②评估内容：应急演练准备、应急演练组织与实施、应急演练效果等；

③评估标准：应急演练各环节应达到的目标评判标准；

④评估程序：演练评估工作主要步骤及任务分工；

⑤附件：演练评估所需要用到的相关表格等。

如演练评估由第三方开展，则不做要求。

4）保障方案。针对应急演练活动可能发生的意外情况制定演练保障方案或应急预案，并进行演练，做到相关人员应知应会，熟练掌握。演练保障方案应包括应急演练可能发生的意外情况、应急处置措施及责任部门、应急演练意外情况中止条件与程序等。相关内容也可融入演练方案之中。

5）观摩手册。根据演练规模和观摩需要，可编制演练观摩指南。演练观摩指南通常包括应急演练时间、地点、情景描述、主要环节及演练内容、安全注意事项等。

示例：

作者参与策划组织的“英雄2021”武汉天河国际机场应急救援综合演练的观摩手册见图6-7。

图6-7 “英雄2021”武汉天河国际机场应急救援综合演练的观摩手册

6）宣传方案。根据需要，编制演练宣传方案，明确宣传目标、宣传方式、传播途径、主要任务及分工、技术支持。

（3）落实演练工作保障。

1）人员保障。按照演练方案和有关要求，组织落实策划、执行、保障、评估、参演等人员参加演练活动，必要时设置替补人员。

2）经费保障。根据演练工作需要，明确演练工作经费及承担单位。

3）物资和器材保障。根据演练工作需要，明确各参演单位所准备的演练物资和器材等。

4）场地保障。根据演练方式和内容，选择合适的演练场地。演练场地应满足演练活动需要，避免影响正常生产、生活。

5）安全保障。根据演练工作需要，采取必要安全防护措施，确保参演、观摩等人员以及生产运行系统安全。

6）通信保障。根据演练工作需要，采用多种公用或专用通信系统，保证演练通信信息通畅。

7）其他保障。根据演练工作需要，提供其他保障措施。

6.3.2 组织实施

本部分内容基本引用《基本规范》。

6.3.2.1　熟悉演练任务和角色

组织各参演单位和参演人员熟悉各自参演任务和角色，并按照演练方案要求组织开展相应的演练准备工作。

6.3.2.2　组织预演

对于大规模综合实战演练或示范性演练，在开展正式演练前，演练组织单位或策划人员可按照演练方案或脚本组织桌面推演、合成预演和提前拍摄等，熟悉演练实施过程的各个环节。

示例："英雄 2021" 武汉天河国际机场应急救援综合演练的拍摄计划（节选）

"英雄 2021" 武汉天河国际机场应急救援综合演练的拍摄计划（节选）见图 6-8。

6.3.2.3　现场检查

确认演练所需的工具、设备、设施、技术资料以及参演人员到位。对应急演练安全保障方案以及设备、设施进行检查确认，确保安全保障方案可行，所有设备、设施完好。

6.3.2.4　演练实施

（1）演练简介。应急演练正式开始前，应对参演人员进行情况说明，使其了解应急演练规则、场景及主要内容，岗位职责和注意事项。

（2）启动。应急演练总指挥宣布开始应急演练，参演单位及人员按照设定的事故情景，参与应急响应行动，直至完成全部演练工作。演练总指挥可根据演练现场情况，决定是否继续或中止演练活动。

（3）执行与导调。

1）桌面演练。在桌面演练过程中，演练执行人员按照应急预案或应急演练方案发出

序号	拍摄时间	拍摄场景	涉及部门	地点	拍摄时长	备注
11.10-11.11拍摄计划						
1	11.10上午（10点开始拍客舱内）	运管委	指挥中心	指挥中心		飞行区外
2		1.实施新闻发布、媒体采访等工作。（新闻发言人、记者扮演人员）	党委工作部			
3		1.客舱内发热旅客管控 2.客舱内空中搜排爆 3.落地后，客舱紧急撤离程序	东航武汉	航空器		飞行区内
4		航空器机舱搜排爆	公安	航空器		
5	11.11下午	1.未受伤人员临时安置区（控制区外）（无需旅客） 2.家属临时接待区设置（控制区外）（无需要家属扮演人员）	航站区管理部、东航、安检、公安、急救	航站楼某两处		飞行区内
6		1.集结待命出动镜头	消防	消防站		
7		航站楼内各处运行镜头（候机、登机、人员积压、服务镜头等）	空镜头（可以随时拍摄）	航站楼控制区内		
8		1.集结待命出动镜头	消防	消防站	9:00——10:00	飞行区内
		1.爆炸物信息传递				

图 6-8 “英雄 2021”武汉天河国际机场应急救援综合演练的拍摄计划（节选）

信息指令后，参演单位和人员依据接收到的信息，回答问题或模拟推演的形式，完成应急处置活动。通常按照四个环节循环往复进行：

①注入信息：执行人员通过多媒体文件、沙盘、消息单等多种形式向参演单位和人员展示应急演练场景，展现突发事件发生发展情况；

②提出问题：在每个演练场景中，由执行人员在场景展现完毕后根据应急演练方案提出一个或多个问题，或者在场景展现过程中自动呈现应急处置任务，供应急演练参与人员根据各自角色和职责分工展开讨论；

③分析决策：根据执行人员提出的问题或所展现的应急决策处置任务及场景信息，参演单位和人员分组开展思考讨论，形成处置决策意见；

④表达结果：在组内讨论结束后，各组代表按要求提交或口头阐述本组的分析决策结果，或者通过模拟操作与动作展示应急处置活动。

各组决策结果表达结束后，导调人员可对演练情况进行简要讲解，接着注入新的信息。

2）实战演练。按照应急演练工作方案，开始应急演练，有序推进各个场景，开展现场点评，完成各项应急演练活动，妥善处理各类突发情况，宣布结束与意外终止应急演练。实战演练执行主要按照以下步骤进行：

①演练策划与导调组对应急演练实施全过程的指挥控制；

②演练策划与导调组按照应急演练工作方案（脚本）向参演单位和人员发出信息指令，传递相关信息，控制演练进程；信息指令可由人工传递，也可以用对讲机、电话、手机、传真机、网络方式传送，或者通过特定声音，标志与视频呈现；

③演练策划与导调组按照应急演练工作方案规定程序，熟练发布控制信息，调度参演单位和人员完成各项应急演练任务；应急演练过程中，执行人员应随时掌握应急演练进展情况，并向领导小组组长报告应急演练中出现的各种问题；

④各参演单位和人员，根据导调信息和指令，依据应急演练工作方案规定流程，按照发生真实事件时的应急处置程序，采取相应的应急处置行动；

⑤参演人员按照应急演练方案要求，做出信息反馈；

⑥演练评估组跟踪参演单位和人员的响应情况，进行成绩评定并做好记录。

6.3.2.5 演练记录

演练实施过程中，应安排专门人员采用文字、照片和音像等手段记录演练过程。

6.3.2.6 评估准备

演练评估人员根据演练情景设计以及具体分工，在演练现场实施过程中展开演练评估工作，记录演练中发现的问题或不足，收集演练评估需要的各种信息和资料。

6.3.2.7 演练结束

完成各项演练内容后，演练总指挥宣布演练结束，参演人员按预定方案集中进行现场讲评或者有序离场。

备注：

根据《民用运输机场应急救援演练督导工作规范》，其将导调活动与监督检查、综合评估一并称之为督导工作，并制定了相关程序和检查单。

即“本规范所称演练督导工作，是指民航管理部门对机场管理机构在组织实施应急救援演练过程中的规章符合性、预案适用性、设施设备有效性、救援指挥人员的指挥能力、参加救援人员的救援技能等方面实施的监督检查、导演调理和综合评估工作。

导演调理是指在演练过程中，由督导组视情提出模拟的突发情况交由救援指挥官及相关救援人员应对的行为。模拟的突发情况包括演练背景或情景发生变化、救援设备故障、救援人员的救援处置出现偏差甚至失去救援能力等。”

6.3.3 评估总结

6.3.3.1 演练评估

根据《民航应急预案管理办法》，应急演练组织单位应当开展演练评估，主要包括：演练执行情况，预案合理性和可操作性，指挥协调和应急联动情况，应急人员处置情况，演练所用设备装备的适用性，对完善预案、应急准备、应急机制、应急措施等方面的意见和建议。

鼓励委托第三方进行演练评估。

（1）现场点评。应急演练结束后，评估人员或评估组负责人可在演练现场对演练中发现的问题、不足及取得的成效进行口头点评。

（2）书面评估。评估人员针对演练中观察、记录以及收集的各种信息资料，依据评估标准对应急演练活动全过程进行科学分析和客观评价，并撰写书面评估报告。

评估报告重点对演练活动的组织和实施、演练目标的实现、参演人员的表现以及演练中暴露的问题进行评估。

示例1：某单位的应急演练评估表及评估要素表（节选）

某单位的应急演练评估表及评估要素表（节选）见图6-9。

示例2：某机场消防编制的演练能力评估表

某机场消防编制的演练能力评估表见图6-10。

应急演练评估

应急演练名称：	
组织部门/科室：	负责人：
演练时间：202 年 月 日	演练地点：
演练方案及过程： 一、 演练方案 详见演练脚本。	
二、 演练过程	
三、 演练评估及总结	
演练人员：	
填表人：	审核人 ：

应急演练评估要素表

评估项目	评估内容	评估结论
1. 预警与信息报告	1.1 演练单位能够根据监测监控系统数据变化状况、事故险情紧急程度和发展势态或有关部门提供的预警信息进行预警；	□ 符合 □ 基本符合 □ 不符合
	1.2 演练单位有明确的预警条件、方式和方法；	□ 符合 □ 基本符合 □ 不符合
	1.3 对有关部门提供的信息、现场人员发现险情或隐患进行及时预警；	□ 符合 □ 基本符合 □ 不符合
	1.4 预警方式、方法和预警结果在演练中表现有效；	□ 符合 □ 基本符合 □ 不符合
	1.5 演练单位内部信息通报系统能够及时投入使用，能够及时向有关部门和人员报告事故信息；	□ 符合 □ 基本符合 □ 不符合
	1.6 演练中事故信息报告程序规范，符合应急预案要求；	□ 符合 □ 基本符合 □ 不符合
	1.7 在规定时间内能够完成向上级主管部门和地方人民政府报告事故信息程序，并持续更新；	□ 符合 □ 基本符合 □ 不符合
	1.8 能够快速向本单位以外的有关部门或单位、周边群众通报事故信息。	□ 符合 □ 基本符合 □ 不符合
2. 紧急动员	2.1 演练单位能够依据应急预案快速确定事故的严重程度及等级；	□ 符合 □ 基本符合 □ 不符合
	2.2 演练单位能够根据事故级别，启动相应的应急响应，采用有效的工作程序，警告、通知和动员相应范围内人员；	□ 符合 □ 基本符合 □ 不符合
	2.3 演练单位能够通过总指挥或总指挥授权人员及时启动应急响应；	□ 符合 □ 基本符合 □ 不符合

图 6-9 某单位的应急演练评估表及评估要素表（节选）

应急救援拉动应急响应能力评估表

序号	应急响应阶段	主要环节	权重	具体内容	分值	具体行动（√）	具体行动得分	主要环节符合率	总符合率
1	接警调度	受理火警	10%	1、接警员语言清楚、问话简练，常用术语准确	1	□	0	10.00%	
2				2、火情信息处理及时准确，做到地点清、任务明	5	□	0		
3				3、受理接警有完整录音，并作出详细记录	2	□	0		
4				4、跟踪记录现场情况，报告反馈信息是否及时	2	□	0		
5		调度力量	5%	1、没有预案的是否符合加强第一出动原则，适当加强第一出动力量	2	□	0	5.00%	
6				2、已制定预案的是否按预案调动第一出动力量	2	□	2		
7		临警出动	10%	1、执勤车辆按指令出动，消防中队首车在1分钟内驶离车库	0.5	√	0.5	10.00%	
8				2、中队指挥是否随第一出动力量出动，车辆到场停靠位置合理	1	√	1		
9				3、消防执勤人员是否按规定着装要求登车	0.5	√	0.5		
10				4、执勤车辆是否按区域管理主体专业化支持要求到达现场（含监控）	2	√	2		
11				5、是否及时核对地址和任务，报告途中消息和到场消息（含监控）	1	√	1		
12				6、航空器突发事件，消防第一出动力量是否按预案要求到达现场	5	□	0		
13		个人防护	10%	1、进入高温、浓烟、有毒、缺氧区域时，须佩戴空气呼吸器	1	√	1	10.00%	
14				2、进入高温、热辐射强和有可能爆炸、毒害等危险区域时，须着隔热服、防化服等	3	□	3		
15				3、进入带电区域作战时，须穿戴电绝缘服、绝缘靴、绝缘手套等	3	□	0		
16				4、高空作业时，须用安全绳进行固定保护	2	□	0		
17		火情侦察	10%	1、火情侦察是否根据灭火力量、火场情况和侦察任务有组织有领导的进行	4	√	4	10.00%	
18				2、根据灾害事故性质和危险特性，佩戴相应特种防护装备和侦检器材	2	√	2		
19				3、火情侦察是否迅速、准确查明“七个方面”情况	4	√	4		
20		火场救人	6%	1、是否体现救人第一、科学施救的原则	2	√	2	6.00%	
21				2、进入高温、浓烟燃烧区或有毒区域搜救人员时，须在水枪掩护、开辟通道等防护措施下行动	2	√	2		
22				3、高空救人或自救时，须固定点牢固，做好防护措施	1	□	0		
23				4、是否认真核对清点抢救出来的人员，以确保人员是否全部救出	1	√	1		
24		物资疏散	4%	1、疏散出来的物资须检查是否夹带火种，并有专人看护	1	□	0	4.00%	
25				2、疏散压缩气体钢瓶，须充分冷却，并在水枪掩护下进行	2	□	0		99.00%
26	战斗行动			3、疏散有毒物资或在有毒条件下疏散物资，须做好个人防护措施	1	□	0		

图 6-10 某机场消防编制的演练能力评估表

6.3.3.2　演练总结

应急演练结束后，演练组织单位应根据演练记录、演练评估报告、应急预案、现场总结等材料，对演练进行全面总结，并形成演练书面总结报告。报告可对应急演练准备、策划等工作进行简要总结分析。

参与单位也可对本单位的演练情况进行总结。演练总结报告的内容主要包括：演练基本概要；演练发现的问题；取得的经验和教训；应急管理工作建议。

6.3.3.3　资料归档

应急演练活动结束后，演练组织单位应将应急演练工作方案、应急演练书面评估报告、应急演练总结报告等文字资料，以及记录演练实施过程的相关图片、视频、音频等资料归档保存。

对主管部门要求备案的应急演练资料，演练组织单位应及时将相关资料报主管部门备案。

示例：某机场应急管理信息系统中“应急演练台账”模块

某机场应急管理信息系统中“应急演练台账”模块见图6-11。

图6-11　某机场应急管理信息系统中“应急演练台账”模块

6.3.3.4　持续改进

（1）应急预案修订完善。根据演练评估报告中对应急预案的改进建议，由应急预案编制部门按程序对预案进行修订完善。

（2）应急管理工作改进。应急演练结束后，演练组织单位应根据应急演练评估报告、总结报告提出的问题和建议，对应急管理工作（包括应急演练工作）进行持续改进。

演练组织单位应督促相关部门和人员，制定整改计划，明确整改目标，制定整改措施，落实整改资金，并跟踪督查整改情况，形成闭环管理。

示例：某机场应急演练后改进情况简表（节选）

某机场应急演练后改进情况简表（节选）见图6-12。

附件：局方督导组提出问题及整改措施

序号	具体问题	整改措施
1	演练过程中，机场未详细了解旅客及行李信息，并通知到各相关单位	检查、评估相关预案，并将相关程序固化，对责任单位开展专项培训及演练工作
2	演练过程中，机场未将未受伤旅客引导至防疫部门进行相关检查	进一步细化疫情防控期间的应急救援相关流程和措施，实施专项演练和检查
3	演练现场未见通知受伤人员家属的沟通联络工作	加强与航司沟通，为其开展相关工作提供便利
4	未对新增的“货舱货物有不明液体泄漏”科目开展相应的应急演练	对此科目，开展专项演练
5	规范现场警戒带设置（如待核实旅客身份区域）	反馈至机场公安局，协助其改进流程和措施
6	机组应进一步规范对旅客的安保告知、撤离解释等工作，避免引起恐慌	反馈至航司，协助其改进流程和措施
7	演练过程中，机场未按发布的航行通告设置相关区域的关闭标志	完善预案，并规范流程，落实责任到岗位和班组
8	演练情景为“航空器刹车系统故障，航空器轮胎爆胎，击穿油箱起火”，但演练现场见油料公司紧急集结、出动救援动作	进一步完善救援指令发布程序及范围，固化到指挥中心及相关单位预案中，并适时开展演练或检查
9	演练情景为“航空器刹车系统故障，轮胎爆胎，击穿油箱起火”，但在演练中经机务人员现场判定无需进行残损航空器搬移，缺少油料人员参与现场判定，后期应加强残损航空器搬移的专项演练	近期组织航空器搬移专项演练，固化流程，完善准备

图 6-12 某机场应急演练后改进情况简表（节选）

6.4 演练资源与保证

演练资源与保证是指民航单位为了保障应急演练活动的顺利实施，达到预期演练目标，而提供的演练设施、设备、系统与物资，演练经费，演练知识资源等资源保障和制度保证活动。

本部分内容是“3.2.2.2 日常管理的制度建设”与“4.2 资源管理”在应急培训领域的具体化和细化。

6.4.1 演练设施、设备、系统与物资

民航单位均应根据有关规章标准要求以及本单位应急管理工作需要，为各项应急演练工作，配备符合标准和需求的演练设施、设备、系统与物资等资源，并制定相应的管理制度，做好购置、存储、调用、维护、补充、记录等管理工作。

部分演练设施、设备、系统与物资可以与培训及应急处置共用。

示例：

演练设施如沙盘、消防的真火实训设施等；培训设备、系统如仿真演练系统、消防灭火仿真系统等；演练物资如各类教具及易耗品。

如某机场应急管理信息系统中“应急演练线上桌演”模块，如图 6-13 所示。

图 6-13　某机场应急管理信息系统中“应急演练线上桌演”模块

6.4.2　演练经费

民航单位应保证足够的应急演练经费投入，纳入民航单位应急管理专项工作经费统筹管理和使用。

6.4.3　演练知识

有条件的民航单位，可建立包括演练场景、演练方案、演练脚本、评估方案等演练知识资源体系，供相关人员查阅、学习和使用，提高应急演练的效率和效果。

示例：某机场应急管理信息系统中“应急演练资料库”模块

某机场应急管理信息系统中“应急演练资料库”模块见图 6-14。

图 6-14　某机场应急管理信息系统中“应急演练资料库”模块

示例：新疆机场集团建设的演练情景库

新疆机场集团建设的演练情景库见图 6-15。

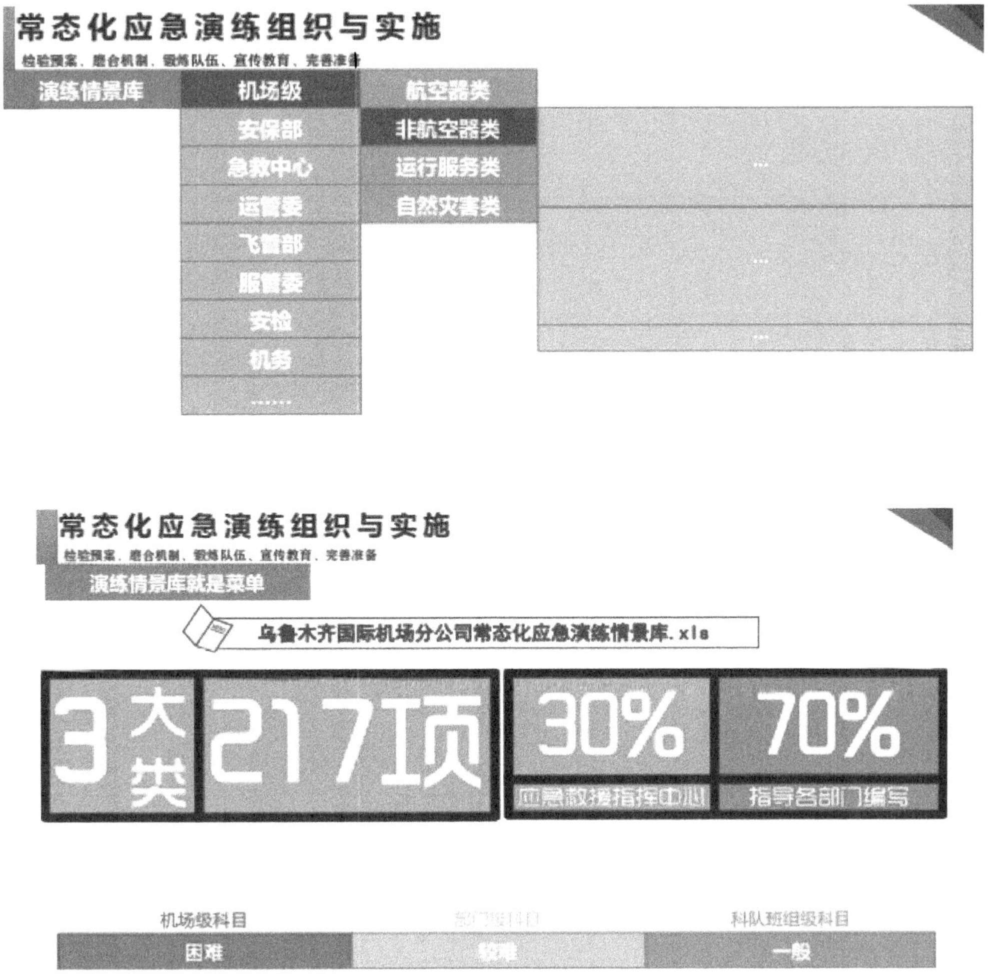

图 6-15 新疆机场集团建设的演练情景库示意

6.4.4 制度保证

为了保证以上应急演练工作顺利开展，民航单位应对应急演练的计划制定和执行、组织实施、评估改进、台账档案等制定相关制度性文件。这些制度性文件可以仅适用于某一类应急管理领域，也可适用所有应急管理领域，但均在文件中予以明确。

示例 1：

以白云机场为例，其在《广州白云国际机场应急管理办法》中明确了应急演练要求、应急演练计划、应急演练类型、应急演练频次、应急演练方案、应急演练总结、应急演练实施注意事项、应急演练台账记录等内容和要求；并配套制定了应急拉练实施细则、应急演练评估细则等制度性文件。

示例 2：

民航局空管局发布了《空管系统安全运行应急管理规定》（AP-397-ATMB-2020-002）和《空管系统安全运行应急预案编制与演练指南》（IB-ATMB-2020-005），规范了应急演练的各项内容。青岛空管站等空管单位据此均编制了相应的管理文件。

7 评估与改进

评估与改进是指对以上各项应急管理工作的检查、评估和改进工作。

评估与改进建设包括评估目的与原则、评估类型与要求、持续改进、绩效与奖惩四个基本要素，其下又细分为若干子要素，具体见图 7-1。

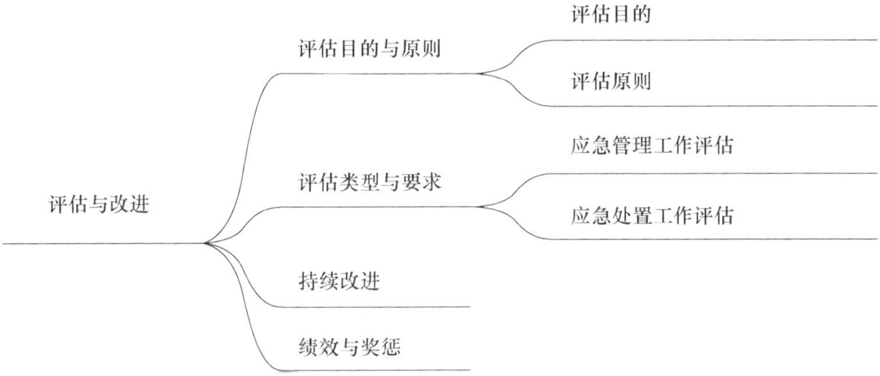

图 7-1 “评估与改进”部分要素概览

7.1 评估目的与原则

7.1.1 评估目的

应急管理评估是应急管理工作体系闭环发展的关键环节，其目的是通过检查、考核、评估、审核等手段，发现问题，总结和吸取经验教训，保证各项应急管理工作按计划、按标准、按规范开展，及时纠偏，提高应急能力，促进应急管理工作体系持续循环改进。

7.1.2 评估原则

各类应急管理评估活动均应坚持以下基本工作原则：

(1) 实事求是。评估遵循实事求是的原则，以事实为依据进行评估工作。

(2) 科学严谨。评估中采用科学的方法，调查获取应急管理全过程中的信息，给予科学严谨的评估。

(3) 依法依规。应急管理评估的主要依据是相关法律法规，依法依规评估应急管理各项工作及应急处置的各个环节。

（4）客观公正。对于具体突发事件应对开展评估活动时，对应急处置和救援的评估工作应放在当时当地特定情境下进行评估判断，对应急处置和救援活动给予客观公正的评价。

（5）以评促改。应急管理评估的主要目的不是追责而是及时发现应急管理工作中存在的不足并予以改进。

7.2 评估类型与要求

根据评估对象，应急管理评估主要分为应急管理工作评估和应急处置工作评估两大类，具体见图7-2。

（1）应急管理工作评估是指针对评估单位应急管理工作体系建设的各项日常工作开展检查、考核、审核、评价等评估活动。

（2）应急处置工作评估是指针对评估单位实际开展的应急处置活动而实施的调查、检查、评价等评估活动。

民航单位应制定独立文件或在相关文件中，体现应急管理评估的制度化管理内容，重点明确和规范各类评估工作开展的要求、流程、方法、频次与形式等。

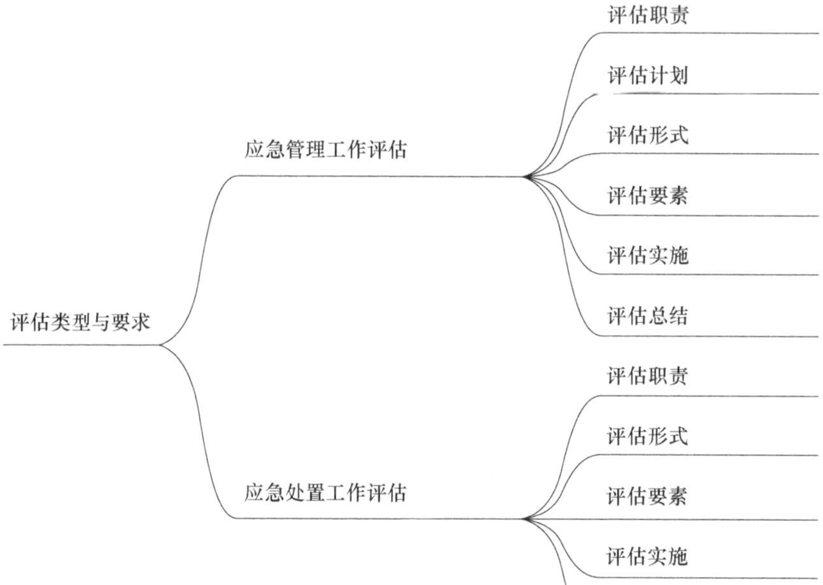

图7-2 “评估类型与要求”部分要素概览

7.2.1 应急管理工作评估

7.2.1.1 评估职责

民航各单位负责自我评估及评估下属各单位的应急管理工作；各单位在接受评估的同时，应自行组织自我评估总结工作，形成相关工作总结报告。

示例：

如《空管系统安全运行应急管理规定》（AP-397-ATMB-2020-002）中规定：

“第六十七条　空管系统各单位应加强应急管理评估与考核的制度化建设，重点规范评估与考核工作开展的要求、流程、方法、频次与形式等。

第六十八条　民航局空管局负责评估与考核地区空管局的应急管理工作，地区空管局负责评估与考核下属二级单位和空管分局（站）的应急管理工作，空管分局（站）负责评估与考核下属单位或部门的应急管理工作。

第六十九条　空管系统各单位应制定本单位年度评估与考核工作计划，完成所有下属单位的评估与考核工作。

第七十条　空管系统各单位应自行组织自我评估总结工作，形成年度应急管理工作总结报告，并报送上级应急管理部门。”

7.2.1.2　评估计划

民航单位应根据本单位应急管理职责和工作实际，制定本单位年度评估工作计划，计划制定要充分考虑本单位管辖范围，在每年年末应完成本单位及所有下属单位的评估工作。

7.2.1.3　评估形式

民航单位可根据工作实际单独实施评估活动或融入安全管理与法定自查等相关检查、考核、审核等活动一并开展。

示例1：

如某民航单位明确“依托应急教育培训和应急演练的问题整改对应急管理工作情况进行检查和评估，主要包括应急管理责任制落实情况、应急预案体系建设与修编情况、应急演练组织实施情况、实际应急处置情况等，计划在11月30日前完成汇总的评估报告。”

示例2：

某机场邀请第三方对其消防方面的应急管理工作开展了专项评估，该评估工作的目的是“全面掌握机场消防应急管理工作水平，摸清机场消防应对和处理各类突发事件的情况，找出机场消防应急管理工作水平的薄弱环节，提出针对性改进措施，并结合机场的变革发展，提出消防应急能力提升建议。”

7.2.1.4　评估要素

应急管理工作评估要素一般包括：

（1）中长期应急规划制定及落实情况；

（2）年度工作计划制定及落实情况；

（3）应急预案体系建设与编修情况；

（4）应急管理制度化建设情况；

（5）应急管理责任制落实情况；

（6）应急管理工作领导机构设置情况；

（7）应急管理机构设置、运行和人员配备情况；

（8）工作经费落实和使用情况；
（9）应急资源配备情况；
（10）应急培训制度化建设情况；
（11）年度应急培训计划制定及落实情况；
（12）应急培训组织实施情况；
（13）应急演练制度化建设情况；
（14）应急演练计划制定及落实情况；
（15）应急演练组织实施情况；
（16）本单位评估工作开展情况；
（17）上一次评估后改进计划落实情况；
（18）实际应急处置情况。

示例 1：相关检查、考核、审核等活动中的应急管理要素

安全管理与法定自查等相关检查、考核、审核等活动一般均有相关应急管理要素。监管事项库里的应急管理要素示例如图 7-3 所示。

项目编号	检查项目	内容编号	检查内容	检查方式	检查标准	检查依据 依据名称
1-V1	应急管理体制与组织机构【生效日期：2020-01-01】	SID-91001	统一领导机构	远程文件，实地文件	1、本单位有应急工作领导机构； 2、该机构的最高领导有统筹本单位应急工作的足够权利； 3、该机构包括了本单位以及相关单位的所有应急力量； 4、该机构开展了职责要求的日常及应急工作。	《中国民用航空应急管理
		SID-91002	应急工作办事机构	远程文件，实地文件	1、本单位有应急工作办事机构； 2、本机构有明确的职责； 3、本机构配备了足够满足需要的人力，具有行使相应职责的权利。	《中国民用航空应急管理 第九条
		SID-91003	应急值守机构	远程文件，实地文件	1、本单位已经指定了相应的应急值守机构； 2、应急值守机构与民航管理部门的联系内容、方式有明确的规定且满足工作需要； 3、应急值守机构向民航管理部门应急值守机构报送突发事件信息有明确的规定且满足工作需要。	《中国民用航空应急管理 第八条
		SID-91004V1	分类管理、分级负责的工作机构	远程文件，实地文件	1、本单位各部门的应急职责明确； 2、形成企业主要领导全面负责、分管领导具体负责、有关部门分工负责、群团组织协助配合、相关人员全部参与的应急管理组织体系； 3、各相关部门已经指定了具体负责的部门领导及工作人员。	《中国民用航空应急管理 《中国民用航空应急管理

图 7-3　监管事项库里的应急管理要素示例

企业法定自查里的应急管理要素示例如图 7-4 所示。

股份公司清单

编号		检查事项			来源	检查标准		检查依据		检查频次	
局方监管事项库编号	局方监管事项库分项编号	业务名称	检查项目	检查内容		法定检查标准	内部检查标准	法定检查依据	内部检查依据	法定频次	自查频次
SID-91001	SID-91001-01	应急管理	应急管理体制与组织机构	统一领导机构	1. 民航监管事项清单-运控中心SID-91001 2.《机场使用手册》第18章4节 3. 各单位应急管理制度、综合应急预案	1，本单位有应急工作领导机构； 2，该机构的最高领导有统筹本单位应急工作的足够权利； 3，该机构包括了本单位以及相关单位的所有应急力量； 4，该机构开展了职责要求的日常及应急工作。	飞行区管理部 1、机场应急救援预案中明确应急救援领导小组组成； 2、机场应急救援预案中明确应急救援领导小组是机场应急救援工作的最高决策机构，全面负责负责机场应急救援工作的组织指挥； 3、机场应急救援领导小组成员包括股份公司、管理局、空管局、主要基地航空公司、公安分局等单位； 4、机场应急救援预案中明确领导小组各成员工作职责，并根据职责要求开展日常工作。	《中国民用航空应急管理规定》第五条：民航应急工作建立统一领导、综合协调、分类管理、分级负责的管理体制。	1.《机场使用手册》第18章4节 2. 各单位应急管理制度、综合应急预案	无	1次/年

图 7-4　企业法定自查里的应急管理要素示例

某空管单位制定的安全运行应急管理工作检查单如图 7-5 所示。

		应急管理工作检查单				
被检查单位:		检查员:		检查日期:		
内容编号	检查内容	标准编号	检查标准	检查依据	检查方式	备注
1	应急管理领导机构	1.1	是否建立应急工作领导机构，设置或明确应急管理主管部门、分管部门、值守机构，明确应急管理职责，配置足够的专（兼）职应急管理人员	《中国民用航空应急管理规定》（CCAR-397）第五条 《空管系统安全运行应急管理规定》（AP-397-ATMB-2020-002）第九条、第十一条、第十二条	文件检查 人员访谈	
		1.2	应急管理工作领导小组负责统一领导本单位的应急管理工作，建立健全工作制度，研究决策重大问题，做好突发事件应对；该机构的最高领导是否有统筹本单位应急工作的足够权利		文件检查 人员访谈	
		1.3	该机构是否包括了本单位以及相关单位的所有应急力量，明确突发事件应急管理工作的分管负责人，协助主要负责人落实应急管理方针政策及有关法律法规、规定和标准，统筹协调和管理相应突发事件的应急管理工作，对本单位应急管理工作负重要领导责任		文件检查 人员访谈	
		1.4	该机构是否开展了职责要求的日常及应急工作		文件检查 人员访谈	
2	应急管理主管部门、分管部门	2.1	是否建立应急工作办事机构，包括应急管理主管部门、应急管理分管部门	《中国民用航空应急管理规定》(CCAR-397) 第九条 《空管系统安全运行应急管理规定》（AP-397-ATMB-2020-002）第十三条、第十四条	文件检查 人员访谈	
		2.2	本机构是否有明确的职责，应急管理主管部门负责组织制定本单位各项应急管理工作计划；组织本单位应急预案体系和制度建设；组织本单位综合应急预案的编制和修订工作；组织实施单位层面的应急培训、检查和评估工作；指导下属单位的应急管理体系建设工作。应急管理分管部门本部门本专业专项应急预案的编制、备案、培训、演练、评估和考核等工作，负责本专业突发事件应急管理的日常工作，指导本专业突发事件的应急处置。		文件检查 人员访谈	
		2.3	本机构是否配备了足够满足需要的人力，具有行使相应职责的权利		文件检查 人员访谈	

图 7-5　某空管单位制定的安全运行应急管理工作检查单

示例 2：评估检查单

以上要素可成为编制各类评估检查单的主要内容，如表 7-1 所示的笔者为某机场消防应急管理做专项评估时编制的评估检查单（某种程度上，该检查单可成为评估民航单位应急管理工作开展情况的通用模板；实践中，笔者也已经使用过该检查单对长沙机场、青岛机场整体应急管理工作开展了评估工作）。

表 7-1　应急管理工作评估检查单（节选——略去评估方法与依据）

一级指标	二级指标	三级指标	评估标准	
预案与制度	规划计划	中长期目标与规划	应急规划的制定	是否制定应急中长期规划，并将其纳入单位整体发展规划
			应急规划的质量	应急规划的制定是否具有针对性、可操作性和牵引性
			应急规划的实施	是否按发展规划逐步实施应急管理工作
		年度目标与计划	年度计划的制定	是否编制年度工作计划
			年度计划的质量	计划制定是否包含了应急管理全要素，是否明确和可操作
			年度计划的实施	是否定期编制工作总结
		短期目标与计划	计划的制定	是否针对重要工作制定计划
			计划的实施	是否按计划执行，并编写总结

续表 7-1

一级指标	二级指标	三级指标		评估标准
预案与制度	规章制度	法律规章	法律规章的收集	相关法律规章是否收集完备
			法律规章的落实	是否针对收集到的法律规章，及时制定落实措施，及时开展培训宣贯，开展自查自检工作
		制度建设	规章制度的建立	是否建立符合自身需求的各项规章制度
			规章制度的落实	是否对上级及本单位应急管理制度进行及时传达和落实
	应急预案	风险评估/突发事件分析	开展情况	是否按照法规和实际需求，开展风险和事件分析工作
		能力评估/应急资源调查	开展情况	是否按照法规和实际需求，开展能力评估/应急资源调查工作
		预案体系建设	开展情况	是否按照法规和实际需求，建立健全预案体系
		预案编制	综合应急预案	是否编制综合应急预案；预案编制要素是否符合法规和实际需要
			专项应急预案	是否覆盖了所有突发事件和重要应急任务； 预案要素和内容是否符合法规和实际需求
			现场处置方案	基层单位是否编制覆盖面全、操作性强的现场处置方案； 内容和要素是否符合法规和实际需求
			应急处置卡/应急预案操作手册	是否编制了简明实用的应急处置卡/应急预案操作手册； 内容和要素是否符合法规和实际需求
		预案管理	管理制度	是否有预案管理制度，以明确各类预案的编制、评审、发布、修订、备案等工作
			预案评审与发布	各类预案是否经过评审后由本单位主要负责人签署发布
			预案动态化管理	是否根据规范标准要求，对预案实施动态化管理

续表 7-1

一级指标	二级指标	三级指标	评估标准	
组织与资源	组织管理	工作责任	应急管理责任制	是否建立全员应急管理责任制
			领导责任	是否明确主要负责人、分管负责人等领导责任
			分级负责和监督	是否建立分级负责和监督机制
		管理体制	建设情况	是否按要求建立“统一领导、综合协调、分类管理、分级负责”的管理体制
			应急管理工作领导机构	是否成立“统一领导”的应急管理工作领导机构
			应急管理综合协调部门	是否设立相应的应急管理综合协调部门作为本单位总体或该领域应急管理工作的日常办事机构，人员配置充足
			应急管理分管部门	是否明确具体突发事件或应急管理活动的分管部门
			运行管理和保障部门	是否建立本单位的应急管理体制
			职能部门	是否明确应急管理职责，是否建立了装备与物资管理及维护制度
			科室、班组	
			员工	
			合约方	
		指挥体系	建设情况	是否针对具体突发事件搭建了“统一指挥、专业支持、快速反应、分工协作、高效处置”的应急指挥组织架构和权责分工
			指挥机构与运作程序	是否明确应急指挥机构和运作程序
			指挥人员	是否明确各级应急指挥人员的职责与权限
			指挥场所与系统	指挥场所是否具备符合法规和实际需要的硬件设施； 是否有完备、符合需求的指挥系统； 指挥场所与系统是否具有完备的自身保障能力

续表 7-1

一级指标	二级指标	三级指标		评估标准
组织与资源	资源管理	应急设施、设备、系统与物资	应急设施	是否符合相关法规标准要求； 是否满足应急处置需求； 是否处于可用状态
			应急设备	
			应急系统	
			应急物资	
		应急队伍	应急管理工作人员	是否配备符合法规要求和处置需要的人员； 人员是否具有相关资质； 是否具备相应的素质与作风：知识水平、精神状态、工作作风建设等
			专业应急处置队伍	
			兼职应急处置队伍	
			专家队伍	
		经费保障	保障情况	是否将应急管理所需经费纳入单位预算； 经费是否满足实践需要
		协议支援力量	开展情况	是否按法规要求及处置需要，与有关单位签订支援协议并开展相关工作
		知识资源	开展情况	是否按法规要求及处置需要，开展应急知识、应急案例等建设工作
		制度保证	制度制定与执行	是否建立了资源管理制度并严格执行
应急培训	培训对象与需求	培训对象识别	开展情况	是否准确识别各层级的培训对象，建立培训档案
		培训需求分析	开展情况	在规划与设计每项培训活动之前，开展培训需求分析工作
	培训组织与实施	培训大纲	开展情况	是否有具有针对性的培训大纲、指南等
		培训计划	开展情况	是否将培训计划纳入单位整体计划； 培训计划制定是否符合法规和实际需求
		培训方案	开展情况	是否按要求制定培训方案
		培训准备	开展情况	是否按要求开展相关情况
		培训实施	开展情况	
		考核评估	开展情况	
		资料归档	开展情况	
	培训资源与保证	培训设施、设备、系统与物资	开展情况	是否配备符合标准和需求的培训设施、设备、系统与物资等资源
		培训师资	开展情况	是否建立应急培训师资队伍，形成师资库，制定相关管理办法
		培训经费	开展情况	是否保证足够的应急培训经费投入
		培训知识	开展情况	是否有符合需求的培训课程、培训教材、培训课件、试题试卷等知识资源
		培训档案	开展情况	是否建立应急培训档案管理制度，及时掌握各类应急培训的开展情况和各类人员的受训情况
		制度保证	制度制定与执行	是否建立了管理制度并严格执行

续表 7-1

一级指标	二级指标	三级指标	评估标准	
应急演练	演练目的与原则	演练目的	开展情况	是否在相关文件中明确本单位的应急演练目的
		演练原则	开展情况	是否在相关文件中明确本单位的应急演练原则
	演练类型与要求	演练类型	开展情况	是否明确符合法规要求和处置需要的应急演练类型
		演练要求	开展情况	是否在相关文件中明确本单位的应急演练要求
	演练组织与实施	计划准备	开展情况	是否根据本单位应急管理职责和工作实际，制定本单位每类突发事件应急管理领域的应急演练工作计划； 是否按要求开展了各项演练准备工作
		组织实施	开展情况	是否按要求开展了各项演练组织实施工作
		评估总结	开展情况	是否按要求开展了各项演练评估总结工作
	演练资源与保证	演练设施、设备、系统与物资	开展情况	是否配备符合标准和需求的演练设施、设备、系统与物资等资源
		演练经费	开展情况	是否保证足够的应急演练经费投入
		演练知识	开展情况	是否建立了演练场景、演练方案、演练脚本、评估方案等演练知识资源体系
		制度保证	制度制定与执行	是否建立了管理制度并严格执行
评估与改进	评估目的原则	评估目的	开展情况	是否在相关文件中明确本单位的应急评估目的
		评估原则	开展情况	是否在相关文件中明确本单位的应急评估原则
	评估类型与要求	应急管理工作评估	开展情况	是否按要求开展了各项应急管理工作评估活动
		应急处置工作评估	开展情况	是否按要求开展了各项应急处置工作评估活动
	持续改进	—	开展情况	是否按要求开展了持续改进工作
	绩效与奖惩	—	开展情况	是否将应急管理工作纳入安全绩效管理； 是否建立应急管理奖惩制度

7.2.1.5 评估实施

民航单位应根据自身实际情况，编制评估检查单等相关文件，灵活采取台账检查、调研访谈、应急演练等多种方式开展评估工作。

单次评估活动可以一次性评估所有要素，也可根据实际情况，针对一项或几项要素开展评估工作。

鼓励民航单位邀请第三方专业机构开展评估工作。

示例：续“7.2.1.4 评估要素”的“示例2”

笔者为某机场消防应急管理做专项评估时，对检查单中每个具体评估指标，笔者给出4档评估结论评价，分别为A、B、C、D，具体标准见表7-2。

表 7-2 评估结论释义

评估结论	释义
A	完全符合法规与实际需求，工作开展情况优秀
B	符合法规要求，但与实际需求有一定差距，工作开展情况良好
C	基本符合法规要求，与实际需求存在较大偏差，工作开展情况较好或一般
D	与法规要求存在较大偏差，亟须调整改进

以“应急预案”评估为例，其实施过程与结论见表 7-3。

表 7-3 “应急预案”评估概表

二级指标	三级指标	评估标准		评估方法	评估结论
应急预案	风险评估/突发事件分析	开展情况	是否按照法规和实际需求，开展风险和事件分析工作	查阅文件；访谈	C
	能力评估/应急资源调查	开展情况	是否按照法规和实际需求，开展能力评估/应急资源调查工作	查阅文件；访谈	A
	预案体系建设	开展情况	是否按照法规和实际需求，建立健全预案体系	查阅文件；访谈	A
	预案编制	综合应急预案	是否编制综合应急预案；预案编制要素是否符合法规和实际需要	查阅文件；访谈；演练	B
		专项应急预案	是否覆盖了所有突发事件和重要应急任务； 预案要素和内容是否符合法规和实际需求		B
		现场处置方案	基层单位是否编制覆盖面全、操作性强的现场处置方案； 内容和要素是否符合法规和实际需求		B
		应急处置卡/应急预案操作手册	是否编制了简明实用的应急处置卡/应急预案操作手册； 内容和要素是否符合法规和实际需求		B
	预案管理	管理制度	是否有预案管理制度，以明确各类预案的编制、评审、发布、修订、备案等工作	查阅文件；访谈	D
		预案评审与发布	各类预案是否经过评审后由本单位主要负责人签署发布		A
		预案动态化管理	是否根据规范标准要求，对预案实施动态化管理		C

(1) 风险评估与突发事件分析。通过查阅《×××部应急救援行动预案》“第一章 总则”及专项应急预案相关内容，项目组认为×××部已经按要求开展了风险及事件分析工作，但是相关工作体系性不强，存在较多问题。

……

综合评估该项工作为C。建议，×××部针对消防工作，重新梳理面临的风险与突发事件，以更好地统筹建设应急预案体系。

(2) 能力评估/应急资源调查。通过查阅相关材料，项目组认为×××部已经按要求开展了(2) 能力评估/应急资源调查，并建立了相关资料台账。

……

综合评估该项工作为A。

(3) 预案体系建设。从《×××部应急救援行动预案》来看，×××部应急预案体系包含“行动预案”“专项预案”和“重点单位灭火处置方案”三种类型。基本符合《民航应急预案管理办法》《生产安全事故应急条例》《生产经营单位生产安全事故应急预案编制导则》的要求。

综合评估该项工作为A。

(4) 预案编制。

1) 综合应急预案。《×××部应急救援行动预案》即×××部的综合应急预案，责任分工明确，与机场预案也有衔接；但是，根据相关法规和标准要求，明显缺少保障措施、预案管理等要素，内容不完整。

综合评估为B。建议……。

2) 专项应急预案。

……

综合评估为B。建议×××部及时完善修订专项应急预案体系，以符合相关法规标准要求。

3) 现场处置方案。《×××部应急救援行动预案》的“附件十”主要是危化品仓库和重点单位的灭火方案。

通过调研和走访，×××部还有部分航空器处置方案散落在各大队，未纳入整体预案体系之中，难以评估其完备性和可操作性。

综合评估为B。建议……。

4) 应急处置卡/应急预案操作手册。

项目组通过调研和走访，发现各消防大队根据自身实际，编制了多种形式的应急处置卡/应急预案操作手册，便于一线指战员使用，内容和形式均有特色。

但是，从相关规章标准的要求来看，建议……。

(5) 预案管理。

1) 管理制度。项目组没有查阅到相关预案管理制度，在《×××部应急救援行动预案》中也没有明确各类预案的编制、评审、发布、修订、备案等工作。

综合评估为D。

2) 预案评审与发布。经查阅《×××部应急救援行动预案》为正式签发，并且为项目研究，应该已经通过评审。

综合评估为A。

3）预案动态化管理。项目组没有查阅到×××部建立预案目录或预案库，各类应急预案未能形成体系化管理。而且，没有查阅到各个预案或方案的编制人、审核人、批准人以及预案修订记录。

项目组认为×××部的预案动态化管理工作存在较大问题，综合评估为C。

7.2.1.6　评估总结

在评估活动结束后，负责评估的单位应向评估对象出具书面评估报告或自我评估报告。

报告主要内容一般包括：

（1）负责评估的人员情况；

（2）评估活动的开展情况；

（3）被评估单位应急管理工作开展的基本情况及上一年度改进计划落实情况；

（4）被评估单位目前应急管理工作存在的主要问题；

（5）总体评估意见及改进建议。

示例：续“7.2.1.5 评估要素”的“示例”

笔者为某机场消防应急管理做专项评估时，给出的“评估总结”部分内容节选：

“……

综合评估5个一级指标的情况：

（1）‘预案与制度’——B（偏向C）。

（2）‘组织与资源’——B（偏向A）。

（3）‘应急培训’——B。

（4）‘应急演练’——C

（5）‘评估与改进’——C

项目组综合评估消防整体应急管理工作水平为B。

消防应急管理工作存在的主要问题及改进建议如下：

通过本次评估，……。

×××部在应急管理工作建设的许多方面仍存在一些较为明显和突出的问题需要引起高度重视，并采取措施予以改进和完善。

（1）忽视了日常应急准备工作在应急管理工作水平形成中的关键作用，‘重处置、轻准备’‘重一线、轻管理’现象较为突出。……

（2）应急管理工作缺乏规划和引导，统筹性、计划性、操作性不强，难以系统地持续提升应急管理工作水平。……

（3）应急预案体系建设亟须加强。……

（4）在组织和资源方面，管理人员配置太少，存在较大的政策风险。……

（5）应急相关的培训和训练工作指导性、规范性不足，培训制度化建设需要加强，培训资料及设备设施已经制约消防应急管理工作水平提升的关键因素。……

（6）应急演练工作还处于比较粗放的阶段，演练相关的制度化文件普遍存在缺失，统筹性、计划性和闭环性有待提升。……

（7）评估与改进工作存在明显的空白和短板。……

相关工作建议如下：……。”

7.2.2 应急处置工作评估

7.2.2.1 评估职责

突发事件处置完毕后，民航单位应开展针对应急处置工作的调查评估工作，同时配合上级单位开展的调查评估工作。

7.2.2.2 评估形式

应急处置工作评估作为事件调查工作的一部分，一般应成立评估组织单独开展评估活动。

7.2.2.3 评估要素

应急处置工作评估要素一般包括：

（1）突发事件的基本情况，主要包括：时间、地点、单位概况，人员伤亡、财产损失情况，事件类型及初步原因等情况；

（2）先期处置情况，主要包括事发现场单位及人员的自救互救、信息报告、紧急避险等情况；

（3）信息接收、流转与报送情况，主要包括：信息报告及续报，信息接收与处理，应急值守等情况；

（4）应急预案实施情况，主要包括：应急预案启动、实施及衔接等情况；

（5）组织指挥情况，主要包括：应急指挥部成立及组成，各单位按责任分工开展工作等情况；

（6）现场处置与救援情况，主要包括各类处置救援活动如消防、急救、警戒、保护、疏散、抢修等开展情况；

（7）应急队伍工作情况，主要包括：参与应急处置救援的队伍、人员组成及紧急调度情况，应急救援工作开展等情况；

（8）应急资源保障情况，主要包括：所需通信、抢险、救援和防护等各类应急物资装备的保障及紧急调配等情况；

（9）信息发布情况，主要包括：舆情监控及对外信息发布等情况；

（10）处置成效、经验和教训；

（11）相关建议。

7.2.2.4 评估实施

民航单位可根据需要，灵活采取资料分析、人员访谈、专家论证、现场勘查、技术鉴定实施评估工作。

（1）资料分析。通过突发事件相关的文字、音像资料、总结材料和相关数据信息，了解事件发生的全过程，分析明确应急处置工作的关键节点。

（2）人员访谈。采取座谈和抽样访谈等形式，通过询问有关人员，听取应急处置工作情况说明，了解全过程。

（3）专家论证。根据需要，对应急处置工作过程中各单位在信息报送、应急响应等关键问题上采用召开专家会议等形式进行专家论证。

（4）现场勘查。对现场勘查，发现、固定、提取有关证据，为评估提供证据支持。必要时，可以聘请技术支撑单位或者专家参与现场勘查。

（5）技术鉴定。评估过程中根据需要，必要时可以委托相关机构进行技术鉴定。

7.2.2.5 评估总结

在评估活动结束后，负责评估的单位汇总评估过程中发现的问题，形成评估意见，得出评估结论，撰写评估总结报告。

7.3 持续改进

民航单位应根据评估报告中的改进建议，结合自我评估、演练评估及实际应急处置中的经验，针对预案与制度、组织与资源、应急培训、应急演练等需要改进的工作，制定细致完善的改进提升方案，对应急管理工作进行持续改进。

民航单位领导小组应组织督促相关部门和人员，制定改进计划，明确改进目标，制定改进措施，落实改进资金，并跟踪督查改进情况。

上一次改进工作情况，是下一次评估工作的重点考察要素。

7.4 绩效与奖惩

民航单位应将应急管理工作纳入安全绩效管理。

民航单位应建立应急管理奖惩制度，对本单位应急管理工作做出突出成绩和贡献的部门和个人，给予表彰或奖励。

对于出现以下行为的部门和个人，责任单位应给予处罚：

（1）未按要求开展相关应急管理工作，致使应急处置出现重大问题的；

（2）违反相关规章、制度、标准、预案，造成应急处置出现重大问题的；

（3）不积极行动配合完成应急处置任务，造成重大损失的；

（4）拒绝履行职责或者不服从指挥，致使损失加重的；

（5）玩忽职守，对突发事件情况判断、处置不当，贻误时机，造成重大损失的；

（6）擅自对外提供突发事件新闻信息资料的。

民航单位应制定独立文件或在相关文件中体现以上内容。

附　　录

附录1　部分民航相关应急管理法律规章导读

(1) 什么是应急管理法制，民航应急管理法制框架包含哪些内容?

答: 2007年11月13日，华建敏同志（时任国务院秘书长）在贯彻《中华人民共和国突发事件应对法》会议上的讲话指出，应急管理法制建设就是在深入总结群众实践经验的基础上，制定了各级各类应急预案，形成了应急管理体制机制，并且最终上升为一系列的法律、法规和规章，使突发事件应对工作基本上做到有章可循、有法可依。

民航应急管理法制框架可分为三个层级：法律、法规和规范性文件。其中，法律是由享有立法权的立法机关，依照法定程序制定、修改并颁布，并由国家强制力保证实施的规范总称；法规指国家机关制定的规范性文件，是法令、条例、规则、章程等法定文件的总称，包括行政法规、地方性法规、部门规章等，对于民航单位，法规可分为政府序列法规和民航序列法规；规范性文件是指由相关管理部门制定的预案、标准、指南、规范等指导性文件。

本书重点整理了与民航应急管理工作比较密切的部分法律、法规，详见下文。

(2) 民航单位需要重点关注哪些应急管理相关法律?

答: 民航单位需要重点关注以下四部应急管理相关法律。

1)《中华人民共和国突发事件应对法》。《中华人民共和国突发事件应对法》是为了预防和减少突发事件的发生，控制、减轻和消除突发事件引起的严重社会危害，规范突发事件应对活动，保护人民生命财产安全，维护国家安全、公共安全、环境安全和社会秩序，而制定的法律。

该法共七章70条，分别为“第一章 总则”“第二章 预防与应急准备”“第三章 监测与预警”“第四章 应急处置与救援”“第五章 事故恢复与重建”“第六章 法律责任”“第七章 附则”。

2)《中华人民共和国安全生产法》。《中华人民共和国安全生产法》是为了加强安全生产监督管理，防止和减少生产安全事故，保障人民群众生命和财产安全，促进经济发展而制定的法律。

该法（最新修订版）共七章119条，分别为“第一章 总则”“第二章 生产经营单位的安全生产保障”“第三章 从业人员的安全生产权利义务”“第四章 安全生产的监督管理”“第五章 生产安全事故的应急救援与调查处理”“第六章 法律责任”“第七章 附则”。

3)《中华人民共和国民用航空法》。《中华人民共和国民用航空法》是为了维护国家的领空主权和民用航空权利，保障民用航空活动安全和有秩序地进行，保护民用航空活动当事人各方的合法权益，促进民用航空事业的发展而制定的法律。

该法（最新修订版）共十六章215条，分别为“第一章 总则”“第二章 民用航空器国籍”“第三章 民用航空器权利”“第四章 民用机场”“第五章 航空人员”“第六章 民用航空器适航管理”“第七章 空中航行”“第八章 公共航空运输企业”“第九章 公共航空运输”“第十章 通用航空”“第十一章 搜寻救援和事故调查”“第十二章 对地面第三人损害的赔偿责任”“第十三章 对外国民用航空器的特别规定”“第十四章 涉外关系的法律适用”“第十五章 法律责任”“第十六章 附则”。

4）《中华人民共和国反恐怖主义法》。《中华人民共和国反恐怖主义法》是为了防范和惩治恐怖活动，加强反恐怖主义工作，维护国家安全、公共安全和人民生命财产安全，根据宪法而制定的法律。

该法共十章97条，分别为“第一章 总则”“第二章 恐怖活动组织和人员的认定”“第三章 安全防范”“第四章 情报信息”“第五章 调查”“第六章 应对处置”“第七章 国际合作”“第八章 保障措施”“第九章 法律责任”“第十章 附则”。

该法由2015年12月27日第十二届全国人民代表大会常务委员会第十八次会议通过。

5）其他相关法律。此外，民航单位还需要关注和了解《中华人民共和国消防法》《中华人民共和国传染病防治法》《中华人民共和国防震减灾法》等专业领域的相关法律。

（3）民航单位需要重点关注哪些政府序列的应急管理法规？

答：民航单位需要重点关注以下政府序列的应急管理法规：

1）《生产安全事故应急条例》。《生产安全事故应急条例》是国家为了规范生产安全事故应急工作，保障人民群众生命和财产安全，根据《中华人民共和国安全生产法》和《中华人民共和国突发事件应对法》而制定的法规，自2019年4月1日起施行。

该条例共五章35条，包括“第一章 总则”“第二章 应急准备”“第三章 应急救援”“第四章 法律责任”“第五章 附则”。

该条例主要作用是明确应急工作体制、强化应急准备工作、规范现场应急救援工作，还对地方各级人民政府和生产经营单位在应急准备、应急救援方面的法律责任做出了规定。

2）《突发事件应急预案管理办法》。《突发事件应急预案管理办法》是国家为规范突发事件应急预案（以下简称应急预案）管理，增强应急预案的针对性、实用性和可操作性，依据《中华人民共和国突发事件应对法》等法律、行政法规而制订，由国务院办公厅于2013年10月25日下发的行政法规。

该办法共九章34条，包括“第一章 总则”“第二章 分类和内容”“第三章 预案编制”“第四章 审批、备案和公布”“第五章 应急演练”“第六章 评估与修订”“第七章 培训和宣传教育”“第八章 组织保障”“第九章 附则”。

该办法规定了应急预案的规划、编制、审批、发布、备案、演练、修订、培训、宣传教育等工作内容。民航单位可依据和参考本办法，制定本单位的应急预案管理办法或细则。

3）《生产安全事故应急预案管理办法》。《生产安全事故应急预案管理办法》是为了规范生产安全事故应急预案的管理，完善应急预案体系，增强应急预案的科学性、针对性、实效性，依据《中华人民共和国突发事件应对法》《中华人民共和国安全生产法》和国务院有关规定而制定的规章。

该办法（最新修订版）共七章49条，包括“第一章 总则”“第二章 应急预案的编制”“第三章 应急预案的评审、公布和备案”“第四章 应急预案的实施”“第五章 监督管理”“第六章 法律责任”“第七章 附则”。

该办法规定了生产安全事故应急预案（以下简称应急预案）的编制、评审、公布、备案、宣传、教育、培训、演练、评估、修订及监督管理工作。民航单位可依据和参考本办法，制定本单位的应急预案管理办法或细则，指导本单位应急预案建设工作。

4）《关于加强企业应急管理工作的意见》。《关于加强企业应急管理工作的意见》是由安全监管总局、国资委、财政部、公安部、民政部、卫生部、环保总局联合制定，并由国务院办公厅于2007年2月28日转发实施的行政法规。

该意见共提出了“明确企业应急管理的工作目标”“健全组织体系和工作机制”“推进预案体系建设和管理”“加强企业应急队伍和基地建设”“做好隐患排查监管和应急处置工作”与“强化企业应急管理职责分工和相关政策措施”六条意见。

民航各企事业单位需要认真学习该意见，贯彻落实意见要求，加强自身应急管理工作建设。

5）《企业安全生产应急管理九条规定》。《企业安全生产应急管理九条规定》是由国家安全生产监督管理总局于2015年2月28日公布实施的部门规章。

该规定对民航各企事业单位开展应急管理工作有极高的指导价值，内容如下：

“一、必须落实企业主要负责人是安全生产应急管理第一责任人的工作责任制，层层建立安全生产应急管理责任体系。

二、必须依法设置安全生产应急管理机构，配备专职或者兼职安全生产应急管理人员，建立应急管理工作制度。

三、必须建立专（兼）职应急救援队伍或与邻近专职救援队签订救援协议，配备必要的应急装备、物资，危险作业必须有专人监护。

四、必须在风险评估的基础上，编制与当地政府及相关部门相衔接的应急预案，重点岗位制定应急处置卡，每年至少组织一次应急演练。

五、必须开展从业人员岗位应急知识教育和自救互救、避险逃生技能培训，并定期组织考核。

六、必须向从业人员告知作业岗位、场所危险因素和险情处置要点，高风险区域和重大危险源必须设立明显标识，并确保逃生通道畅通。

七、必须落实从业人员在发现直接危及人身安全的紧急情况时停止作业，或在采取可能的应急措施后撤离作业场所的权利。

八、必须在险情或事故发生后第一时间做好先期处置，及时采取隔离和疏散措施，并按规定立即如实向当地政府及有关部门报告。

九、必须每年对应急投入、应急准备、应急处置与救援等工作进行总结评估。”

6）《中央企业应急管理暂行办法》。《中央企业应急管理暂行办法》是为进一步加强和规范中央企业应急管理工作，提高中央企业防范和处置各类突发事件的能力，最大程度地预防和减少突发事件及其造成的损害和影响，保障人民群众生命财产安全，维护国家安全和社会稳定，根据《中华人民共和国突发事件应对法》《中华人民共和国企业国有资产法》《国家突发公共事件总体应急预案》《国务院关于全面加强应急管理工作的意见》（国发［2006］24号）等有关法律法规、规定而制定，由国务院国有资产监督管理委员会于2013年2月28日公布实施的部门规章。

该办法共六章42条，包括“第一章 总则”“第二章 工作责任和组织体系”“第三章 工作要求”“第四章 社会救援”“第五章 监督与奖惩”“第六章 附则”。

该办法规定了中央企业在政府有关部门的指导下对各类突发事件的预防与应急准备、监测与预警、应急处置与救援、事后恢复与重建等活动的内容和要求。

民航系统的中国航空集团公司、中国东方航空集团公司、中国南方航空集团公司、中国商用飞机有限责任公司、中国民航信息集团公司、中国航空油料集团公司、中国航空器材集团公司等中央企业需要认真贯彻落实该办法，加强应急管理工作。其他民航单位可参考借鉴该办法，完善自身的应急管理体系建设。

7）其他政府序列相关法规。此外，民航单位还需要关注和了解《突发公共卫生事件应急条例》《生产安全事故报告和调查处理条例》等法规。

（4）民航单位需要重点关注哪些民航序列的应急管理法规？

答：民航单位需要重点关注以下民航序列的应急管理法规，包括民航局（交通部）下发的部门规章和其他政府部门发布的直接相关法规：

1）《中国民用航空应急管理规定》。《中国民用航空应急管理规定》（中华人民共和国交通运输部令2016年第10号）是为加强和规范民航应急工作，保障民用航空活动安全和有秩序地进行，依据《中华人民共和国突发事件应对法》《中华人民共和国民用航空法》而制定，由交通运输部于2016年4月17日发布施行的部门规章。

该规定共八章51条，包括“第一章 总则”“第二章 管理体制与组织机构”“第三章 预防与应急准备”“第四章 预测与预警”“第五章 应急处置”“第六章 善后处置”“第七章 法律责任”“第八章 附则”。

中国民用航空局（以下简称“民航局”）、民航地区管理局（以下统称为“民航管理部门”）和企事业单位为履行以下责任和义务而开展的预防与应急准备、预测与预警、应急处置、善后处理等民航应急工作遵守本规定：

①防范突发事件对民用航空活动的威胁与危害，控制、减轻和消除其对民用航空活动的危害。

②防止民用航空活动发生、引发突发事件，控制、减轻和消除其危害。

③协助和配合国家、地方人民政府及相关部门的应急处置工作。

2）《民用运输机场突发事件应急救援管理规则》。《民用运输机场突发事件应急救援管理规则》（中华人民共和国交通运输部令2016年第45号）是为了规范民用运输机场应急救援工作，有效应对民用运输机场突发事件，避免或者减少人员伤亡和财产损失，尽快恢复机场正常运行秩序，根据《中华人民共和国民用航空法》《中华人民共和国突发事件应对法》和《民用机场管理条例》而制定，由交通运输部于2016年5月21日发布施行的部门规章。

该规则共九章72条，包括“第一章 总则”“第二章 突发事件分类和应急救援响应等级”“第三章 应急救援组织机构及其职责”“第四章 突发事件应急救援预案”“第五章 应急救援的设施设备及人员”“第六章 应急救援的处置和基本要求”“第七章 应急救援的日常管理和演练”“第八章 法律责任”“第九章 附则”。

该规则适用于民用运输机场（包括军民合用机场民用部分，以下简称机场）及其邻近区域内突发事件的应急救援处置和相关的应急救援管理工作。机场管理机构、机场空中交通管理部门、机场消防部门、机场医疗救护部门、航空器营运人或其代理人、机场地面保障部门均适用本规则。

3）《中国搜寻救援民用航空器规定》。《中国搜寻救援民用航空器规定》是为了及时有效地搜寻援救遇到紧急情况的民用航空器，避免或者减少人员伤亡和财产损失而制定的规章。

该规则共五章 31 条，包括“第一章 总则”“第二章 搜寻救援的准备”“第三章 搜寻救援的实施”“第四章 罚则”“第五章 附则”。

该规定适用于中华人民共和国领域内以及中华人民共和国缔结或者参加的国际条约规定由中国承担搜寻援救工作的公海区域内搜寻援救民用航空器的活动。

4）《民用航空器飞行事故应急反应和家属援助规定》。《民用航空器飞行事故应急反应和家属援助规定》是为提高对民用航空器飞行事故的应急反应能力，减轻事故危害，为事故罹难者、幸存者、失踪者及其家属提供必要的援助，根据《中华人民共和国民用航空法》《中华人民共和国安全生产法》和国务院有关规定而制定，由中国民用航空局于 2006 年 1 月 1 日施行的规章。

该规定共六章 50 条，包括“第一章 总则”“第二章 事故报告”“第三章 政府部门的应急准备与反应”“第四章 公共航空运输企业的应急反应和家属援助”“第五章 民用机场的应急反应”“第六章 附则”。

该规定适用于发生在中华人民共和国领域内（不含香港特别行政区、澳门特别行政区和台湾地区）依照 CCAR-121 部和 CCAR-135 部进行商业运行的航空器发生的、依法由国务院民用航空主管部门组织调查的重大事故、国务院授权组织调查的特别重大民用航空器飞行事故。

5）《民航应急预案管理办法》。《民航应急预案管理办法》是为规范民航应急预案管理，健全民航应急预案体系，增强民航应急预案的针对性、实用性、可操作性和衔接性，依据《中国民用航空应急管理规定》及相关法律、行政法规而制定，由中国民用航空局于 2019 年发布施行的规章。

该办法共九章 32 条，包括“第一章 总则”“第二章 分类与内容”“第三章 预案编制”“第四章 审核、备案与公开”“第五章 应急演练”“第六章 评估与修订”“第七章 培训与宣传教育”“第八章 组织保障”“第九章 附则”。

该办法适用于民航应急预案的规划、编制、发布、备案、演练、修订、培训、宣传教育等工作。

6）其他民航序列相关法规。此外，民航单位还需要关注和了解《民用航空安全保卫条例》《民用机场运行安全管理规定》《民用航空器事件调查规定》《民用航空运输机场航空安全保卫规则》《公共航空旅客运输飞行中安全保卫工作规则》《公共航空运输企业航空安全保卫规则》《民用航空危险品运输管理规定》等法规。

附录2 “无脚本”演练一定好？“演戏式”演练一定差？——应急演练二三事

引子1：曾经有某公司的同事打电话咨询我，说他们单位近期要组织一个应急演练，想邀请我去观摩指导？我欣然同意。

接着，他问了我一个特别有意思的问题——“熊老师，你说我们这次演练暴露出几个问题比较好呢?”，我当即一愣，随即回答道“这是什么意思?”

他接着说，“熊老师，你看暴露问题少了，领导不高兴，说演练没有检验出问题，没有效果；这个，暴露问题多了呢，领导也不高兴，说日常工作怎么做的？演练怎么组织的？您说暴露出几个问题比较好呢?”

我当即“晕倒”……

引子2：某次学术交流会议上，有一位专家大谈“无脚本演练”以及“三无演练”（“三无”即无准备、无通知、无脚本）的好处，呼吁民航单位搞演练就搞“无脚本”，就搞“三无”，不要像“演戏”一样搞演练，没有效果。

我随即与其开展了友好且热烈的交流……

以上两个事情，我在授课时经常引用，从学员反馈和我的实际工作经验来看，它们并不是个例或者说特殊现象，而是目前民航单位在应急演练方面存在的普遍问题和想法。

无论是“演练暴露出几个问题比较好?”还是脱离具体情况盲目推崇无脚本和三无演练，其根源都是对应急演练的目的、作用与形式认识不全面，陷入了“盲人摸象”的境地。

要回答两个引子中提出的问题，继而正本清源，指导民航单位更好地开展各类应急演练工作，就必须全面、科学、客观地对“应急演练的目的、作用与形式”进行再认识。

下面，作者以《生产安全事故应急演练基本规范》（AQ/T 9007—2019）（以下简称《基本规范》）为主要依据，结合民航有关规章标准，阐述相关观点和想法，一家之言，仅供参考。

1. 什么是应急演练，应急演练有哪些类型?

根据《基本规范》，应急演练是指针对可能发生的事故情景，依据应急预案而模拟开展的应急活动。

（1）按照演练内容，应急演练分为综合演练和单项演练。

（2）按照形式，应急演练分为桌面演练和实战演练。

（3）按目的与作用，应急演练分为检验性演练、研究性演练和示范性演练。

2. 应急演练的目的有哪些?

根据《基本规范》，应急演练有以下5个主要目的：

（1）检验预案；

（2）完善准备；

（3）磨合机制；

（4）宣传教育；

（5）锻炼队伍。

3. 无脚本演练是什么，一定比“有脚本”好吗？

可以看出，在当前法规标准体系中，并没有“无脚本演练”的说法；但是，在《基本规范》中提到“演练一般按照应急预案进行……演练单位根据需要确定是否编制脚本……”。也就是说，在实践中确实存在“无脚本演练”这一形式。

结合以上基本概念和逻辑后，我们来具体分析所谓“无脚本演练”的概念、目的、作用与适用情况。

3.1　脚本是什么？

“脚本”一词源自戏剧表演，是指表演戏剧、拍摄电影等所依据的底本又或者书稿的底本；在应急演练中，特指为了演练顺利实施，根据应急演练工作方案编制用于具体操作实施的文件，以帮助参演人员全面掌握演练进程和内容。

演练脚本可采取文本或表格形式，主要内容包括：演练模拟情景、处置行动与执行人员、指令与对白、步骤及时间安排、视频背景与字幕、演练解说词等。

3.2　什么是无脚本演练，什么是三无演练，有脚本演练真是一无是处吗？

结合脚本的定义，所谓无脚本演练，即是在演练过程中，没有提前编制用于具体操作实施的文件，演练进程和内容由参演人员根据预案自行开展的演练活动。

三无演练，是无脚本演练的进一步升级，在无脚本的基础上，加入了无通知、无准备要素；在某些单位又称之为拉练或测试。

当前，在某些“激进派”眼中，脚本已经成了演练的“万恶之源”。

粗看起来，有脚本演练确实存在很多这样那样的问题，但是，这些问题真的出在“有脚本”上吗？如果有脚本演练真的一无是处，那么为什么各单位还要费时费力地搞，监管单位还要费时费力地查呢？直接一纸行政命令，不允许再做有脚本演练不就一劳永逸、万事大吉了吗？

借用一句网络名言“不谈剂量谈毒性，都是耍流氓”；有无脚本是演练实施过程中的一项具体工作，脱离该次演练的具体目的和作用来判断“有脚本”好，还是“无脚本”好，都是不全面、不客观、不成熟的行为。

3.3　“有脚本演练”“无脚本演练”“三无演练”各自的目的、作用与适用情况

我们再回到演练的三个分类：内容、形式、目的与作用，来具体谈一谈“有脚本演练”“无脚本演练”“三无演练”各自的目的、作用与适用情况。

首先明确一个基准点，“有脚本演练”“无脚本演练”“三无演练”与演练内容和形式无关，只与演练的目的和作用有直接关联；也就是说，无论是综合演练、单项演练还是实战演练、桌面演练，都可以采用这三种形式中的任一种开展，并没有特殊要求。

（1）目的与作用维度。上文提到了演练的5个目的和作用，分别是检验预案、完善准备、磨合机制、宣传教育、锻炼队伍。我们按照“有脚本演练”“无脚本演练”“三无演练”在这5个方面的作用大小，逐个分析，按照作用强弱，依次为5到1分。

1）有脚本演练评价见附图2-1和附表2-1。

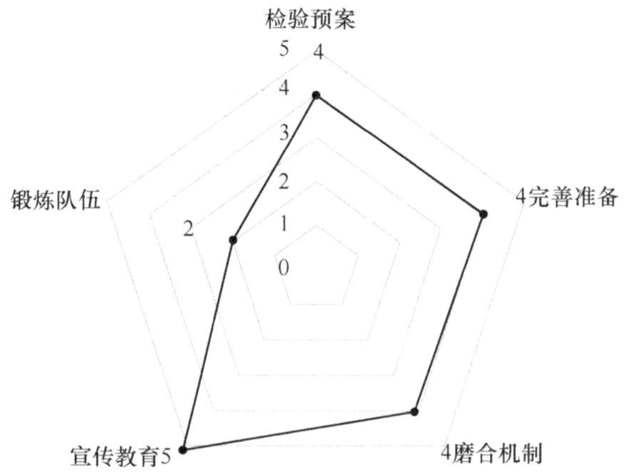

附图 2-1　有脚本演练作用评价

附表 2-1　有脚本演练评价表

演练目的	有脚本演练	
	分　析	评　价
检验预案	在组织编制脚本过程中，需要对比分析演练所使用的预案，查找存在的问题，并通过演练进行分析和解决	4
完善准备	演练筹备和实施过程中，脚本的编制主要以当前现行的预案和能力为主，但是通过演练实施可以改进和完善相关技术、机制等准备工作	4
磨合机制	为了演练顺利开展，需要在编制脚本时，梳理明确参演单位和人员的工作职责和工作机制	4
宣传教育	有脚本演练，可以将经过打磨的流程和做法，通过演练传递给观摩和参演人员，提高其应对相关突发事件的意识和能力	5
锻炼队伍	由于在筹备实施过程中，需要组织编制脚本，对演练的过程、环节和内容均进行了较为详细的阐述，可能造成参与单位与人员在演练实施过程中主动性不强，出现念稿子或者机械模仿的情况，不利于检验参与单位与人员的真实能力水平	2

2）无脚本演练评价见附图 2-2 和附表 2-2。

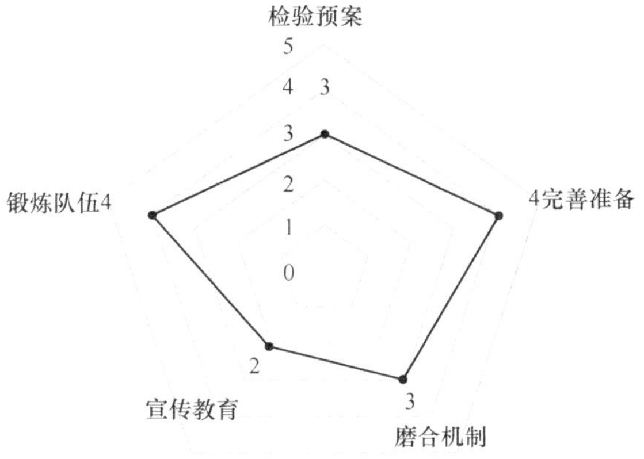

附图 2-2　无脚本演练作用评价

附表 2-2　有脚本演练评价表

演练目的	无脚本演练	
	分　析	评　价
检验预案	由于没有脚本，无法在前期筹备过程中，梳理分析发现预案中存在的问题，仅能通过演练活动本身发现和检验	3
完善准备	由于无脚本，可以通过演练实施充分讨论新技术、新设备等适用情况，有效改进和完善相关技术、机制等准备工作	4
磨合机制	由于没有脚本，无法在前期筹备过程中，梳理磨合相关机制和职责，仅能通过演练活动发现存在的问题	3
宣传教育	无脚本演练，无法保障演练活动内容的准确性和流畅性，传输给观摩人员的有效信息较少，宣传教育效果较差	2
锻炼队伍	由于无脚本，能有效校验出参与单位和人员对预案的熟悉程度和能力水平，锻炼队伍效率良好	4

3）三无演练评价见附图 2-3 和附表 2-3。

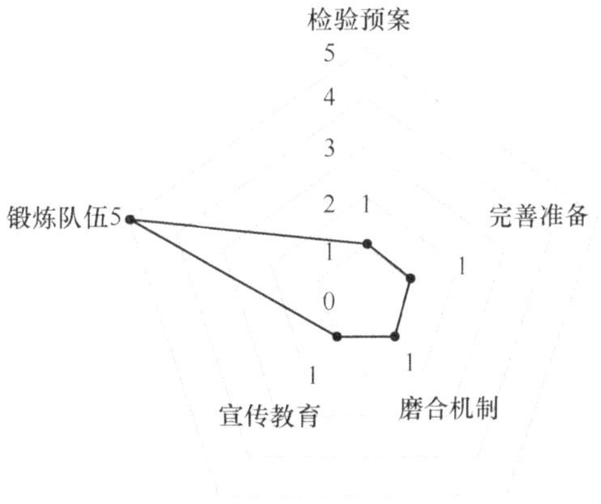

附图 2-3　三无演练作用评价

附表 2-3　三无演练评价表

演练目的	三无演练	
	分　析	评　价
检验预案	仅能通过演练活动本身发现和检验相关预案，相比“无脚本”该项作用更弱	1
完善准备	三无演练基本不具备此项功能	1
磨合机制	仅能通过演练活动发现存在的问题，相比“无脚本”该项作用更弱	1
宣传教育	与“无脚本”作用一致	1
锻炼队伍	相比无脚本，更能有效校验出参与单位和人员对预案的熟悉程度和能力水平，锻炼队伍效率良好	5

可以看出，有脚本演练的优势在于“检验预案”“完善准备”“磨合机制”“宣传教育”这些偏“日常工作”的领域，对于检验参与单位与人员的遂行应急能力存在明显缺陷；

无脚本演练和三无演练更加侧重于检验和锻炼参演队伍的能力和发现问题，对于“日常工作”作用较弱。

（2）演练类型维度。结合“有脚本演练”“无脚本演练”“三无演练”的目的和作用，我们可以很轻松地将其与“检验性演练、研究性演练和示范性演练”类型相匹配，见附表 2-4。

附表 2-4　演练类型匹配表

演练类型	目　　的	适用形式
检验性演练	检验应急预案的可行性、检验应急机制的协调性	有脚本演练、无脚本演练
	检验应急准备的充分性、检验相关人员的应急处置能力	无脚本演练、三无演练
研究性演练	探讨和解决事故应急处置的重点、难点问题，试验新方案、新技术、新装备	无脚本演练
示范性演练	检验和展示综合应急救援能力，按照应急预案开展的具有较强指导宣教意义的规范性演练	有脚本演练

结合以上分析，再回答引子 1 中那位同事提到的问题“演练暴露出几个问题比较好呢?”

我的回答是，看这次演练的目的，如果是检验性演练并且是为了检验人员的处置能力，那当然是不要设置上限，有多少问题就暴露多少问题，同时应该采用无脚本甚至三无演练来实施；如果是研究性演练，那就不存在“暴露问题”这一说法，因为本次演练就是为了解决问题而组织实施的，同时应当采用无脚本演练形式；如果是示范性演练，那么最好不要暴露问题，要做出规范的流程和方式传递给参演与观摩的单位和人员，建议采用有脚本演练，并且要切实做好演练脚本编制工作。

（3）实务维度。在应急演练实务中，“有脚本演练”“无脚本演练”和“三无演练”实施范围及频次和各单位本身的应急准备水平也有很大的关系。

“有脚本演练”是最基础的演练形式，适用于应急准备水平不高、演练范围较大、参演单位较多、演练频次较低的单位，主要目的是通过演练达成“检验预案”“完善准备”“磨合机制”“宣传教育”等目的，帮助参演单位和人员熟悉预案、流程和方法，提高应急意识和能力水平。可以说，对于目前绝大多数民航单位在组织单位层面的应急演练时，推荐适用“有脚本演练”。

“无脚本演练”是进阶的演练形式，适用于已经具备一定应急准备水平的单位开展，主要目的是检验参演单位和人员对于预案、流程和方法的熟悉程度，如果是实战演练的话，还可以检验人员的遂行应急能力或者开展研究性、探索性的推演和讨论。可以说，“无脚本演练”的实施基础是参演单位与人员熟知预案、流程和方法，并经过相关培训，已经具备了一定的应急准备水平。“无脚本演练”作为一次独立的演练活动，比较适合小范围的推演、研讨或实战，多用于“检验性演练”和“研究性演练”；同时，“无脚本演练”可以作为“有脚本演练”的前期筹备活动的一部分，用于讨论演练场景、推演流程、明晰方法，直至编制形成脚本。

“三无演练”作为“无脚本演练”的进一步升级，适用于具有高度应急准备水平的单位开展，主要是检验参与单位的人员的遂行应急能力。由于没有通知和准备，其演练本身具有高度不确定性和风险，因此强烈不建议在单位层面搞大范围的“三无演练”；其最适合用于突击检查专业应急处置队伍（如消防、急救、公安等）的遂行应急能力，多用于“检验性演练”。

（4）分析小结。综上所述，脱离具体演练的目的、作用与类型（特指“检验性演练、研究性演练和示范性演练”），孤立地论断“有脚本演练”“无脚本演练”“三无演练”的优劣是“形而上学”和毫无意义的，我们需要针对每次具体的应急演练，采用适合的演练形式开展，以达到演练预设的目的和作用。

4. 演戏就一定不对吗？请停止妖魔化“示范性演练”！

解答完“无脚本演练是什么？一定比‘有脚本’好吗？”后，随之而来的，又有一些问题亟需解答，比如“那这样的话，我就不搞示范性演练了，只搞检验性演练，可不可以？”“示范性演练就是演戏，不要搞，没有意义，要多搞检验性演练。”“机场三年一次综合应急演练，要搞无脚本，要检验出问题。”

更有一句特别讽刺的话来形容示范性演练——“桌面演练像诗歌朗诵，实战演练像话剧表演。”也就是引子 2 中那位专家的观点。

在这些专家或同事的眼中，“示范性演练”已经变成了洪水猛兽、妖魔鬼怪。那如果这样的话，不如就一纸行政命令，禁止实施即可；可为什么安全行业标准还单独列出这一类型，各单位还花钱费时地做呢？

这就说明，妖魔化“示范性演练”，妖魔化“演练如演戏”是不科学、不成熟和不适当的。

在前文讨论“有脚本演练”“无脚本演练”和“三无演练”时，笔者就阐述过“脱离具体演练的目的、作用与类型（特指‘检验性演练、研究性演练和示范性演练’），孤立地论断‘有脚本演练’‘无脚本演练’‘三无演练’的优劣是‘形而上学’和毫无意义的”。

同样道理，我们也不能机械、孤立和对立地看待“示范性演练”与“检验性演练”“研究性演练”。

（1）“示范性演练”的综合示范作用是不可取代的，“演练像演戏”是对“示范性演练”的最大肯定。

示范性演练作为一种重要演练类型，其具有“检验性演练”“研究性演练”所不可取代的综合示范作用。

示范性演练一般均采用有脚本演练形式，目的是通过缜密的筹备、组织和实施，检验和展示综合应急救援能力，按照应急预案开展具有较强指导宣教意义的演练活动。

既然是“示范性”，那就尽可能不要出现问题，演练所呈现的就是规范、标准的流程和方法，演练就是要像演戏一样，不仅要演，还要演好。我们应该担心的恰恰不应该是“演练像演戏”，而是有些单位“连演戏都演不好”，还遑论真实的应急救援。

而且，通过笔者这几年在全国民航的调研和实践，绝大多数单位尤其是机场，能把“演戏”演好就已经凤毛麟角、难能可贵了！

（2）“示范性演练”与“检验性演练”“研究性演练”是连续有机的共生体，“示范性演练”具有难以取代的综合带动作用。

除了特别简单的应急演练之外，大部分“示范性演练”都有比较规范的准备流程，在正式演练实施前，一般会有小规模的讨论或者推演用以确定演练情景、明晰流程、磨合机制直至编制出成熟的脚本，这些活动本身就是一场场“检验性演练”和“研究性演练”；同时，大型的实战“示范性演练”在筹备过程中一般都有大量的桌面演练和实战预演。因此，从某种程度上可以说，一次成熟规范的“示范性演练”，本身就包含了大量的“检验性演练”和“研究性演练”活动，是连续有机的共生体。

以笔者参与策划组织的“敬畏 · 2020 上海浦东国际机场应急救援综合演练”为例，在 2020 年 10 月 16 日上午实施前，组织参演单位对演练涉及的相关预案和程序进行了反复、细致的梳理，针对指挥体系、处置流程、操作程序和联动机制等工作中存在的不足进行了深入的讨论和研究，先后组织开展了 2 次全要素实战演练、10 次分项实战预演及 30 余次桌面演练。

很多专家和同事之所以对“示范性演练”不以为然，是因为他们只孤立地看到了当天正式实施的演练活动，而没有意识到当天的演练活动只是“汇报演出”，示范性演练真正的价值在于“示范性搭台、检验性唱戏”，通过一次“示范性演练”可以牵动数十次相关演练的组织和实施，具有强大的综合带动作用，这是任何一个“检验性”或“研究性”演练所不能做到的。

（3）在当前民航单位尤其是机场的应急准备水平上，单位层面的“示范性演练”不是搞得太多，而是太少！

目前，民航应急管理工作的一大怪象就是“谈起问题，头头是道；解决问题，闭口不言”。与其费精力一而再、再而三地“发现”已经“发现”几百遍的问题，还是应该把精力多用于如何解决这些问题之上，“少谈些主义，多解决问题”才是此刻真意。

从笔者目前的调研和实践工作来看，目前民航单位尤其是中小机场，在单位层面的应急准备水平普遍不高，现在要解决的首要问题不是通过“检验性演练”或者所谓的“无脚本演练”“三无演练”去发现和检验问题（因为大部分问题，不通过演练，大家也“心知肚明”），“扫帚不到，灰尘不会自己走掉!”只发现问题，不解决问题，问题也不会自动消失。

现在民航单位更需要做的是要通过组织实施大量的“示范性演练”，充分发挥其综合示范和综合带动作用，与“检验性演练”相配合，去解决这些问题，将正确的程序和方法传递给相关人员，并指导、培训、教育参演人员熟悉预案、职责、流程与方法，扎扎实实提升应急能力。

（4）分析小结。当然，笔者的意思也不是说不要搞“检验性演练”，而是希望各单位能正确认识“示范性演练”的作用，将演练看成一个复杂、连续、有机的共生体。

“检验性演练”（形式即“无脚本演练”“三无演练”）要搞，“示范性演练”（形式即“有脚本演练”）更要搞，要将“发现问题——检验性演练”“分析问题——研究性演练”“解决问题——示范性演练”形成一个完整的逻辑闭环，循环往复地提升应急能力。相信这也能回应引子 2 中那位专家的观点了。

彩蛋问题：机场三年一次的综合演练应该采用哪种形式和类型呢？

相信看到这里的读者，已经能猜出笔者的观点了。

笔者建议机场三年一次的综合演练在形式方面，推荐采用“有脚本演练”形式，最好不要采用“无脚本演练”形式（一定不要采用“三无演练”形式）；在演练类型方面，强烈推荐“示范性演练”，不推荐搞成“检验性演练”。

当然，形式和类型是相关联的，“示范性演练”一般是“有脚本演练”，“检验性演练”一般是“无脚本演练”或“三无演练”。

按照规章要求，机场三年一次的综合演练是由机场应急救援工作领导小组或者其授权单位组织，机场管理机构及其各驻机场参加应急救援的单位及协议支援单位参加，针对模拟的某一类型突发事件或几种类型突发事件的组合而进行的综合实战演练。

可以看出，综合演练的组织层级高、参演单位多、场景设置复杂，如果采用“无脚本演练”和“三无演练”形式，那就意味着没有推演、没有预演，“三无演练”更是连通知和准备也没有，其好处是能真实地检验出各单位的应急能力，其缺点是除了检验出问题，也没有别的作用和效果了。

如果采用“示范性演练”，就能充分发挥其综合示范和综合带动作用。“示范性演练”可以通过演练达成“检验预案”“完善准备”“磨合机制”“宣传教育”等目的，帮助参演单位和人员熟悉预案、流程和方法，提高应急意识和能力水平。同时，如笔者在前文所述，我们不能只看到当天正式实施的演练活动，应该认识到示范性演练真正的价值在于“示范性搭台、检验性唱戏”，通过一次“示范性演练”可以牵动数十次相关演练的组织和实施，具有强大的综合带动作用，这是任何一次单纯的“检验性演练”所不能做到的；而综合演练作为机场应急救援每三年一次的大事件，只用来做“发现问题”这一件事情，岂不可惜？

另外，“无脚本演练”和“三无演练”的实施基础是参演单位和人员已经具备相当水平的应急能力，熟知自身的预案、流程和方法，各单位机制磨合比较顺畅，但是从目前机场的实际情况来看，能在机场层面达到这一基础要求的机场可谓凤毛麟角，大部分机场还处于比较低的应急准备水平，贸然在综合演练上采用“无脚本演练”和“三无演练”形式，且不谈暴露出许多问题，让机场和观摩人员“难堪”，恐怕很多演练在现场就进行不下去，更严重的可能会由演练本身引发出安全事故而难以收场。

另外，应急救援工作在各个机场均处于“抽象上重视，具体上忽视”的尴尬位置，三年一次综合演练这样的大事件再不搞出点“水花”和“动静”，那就更难引起机场真正的重视和关注了。

最后，如果非要想通过综合演练发现问题和检验能力，一方面即使机场再做好准备和预演，“示范性演练”实施过程中难免也会出现一些流程、操作及物资设备上的问题，而这些问题恰恰是真实救援过程中更容易出现的，也就是笔者之前说的“演都演不好”的问题；另一方面，希望发现问题和检验能力的单位，也没有必要只盯着“示范性演练”实施当天来开展这项工作，完全可以在筹备阶段，选择一次实战预演开展督导或指导工作，既可以发现问题，也能共同研究解决问题的方案反哺演练工作，以更好地实施“示范性”综合演练。

扫码看《民航单位应急管理
工作体系建设指南》（正文版）

参考文献

[1] 熊康昊，赵勇军，宋亚胜．机场应急管理与应急救援：理论、实践与探索［M］．北京：中国工人出版社，2018.

[2] 熊康昊．机场航空器应急救援能力提升建议与策略［J］．中国应急救援，2019（2）：31-33.

[3] 王文俊，熊康昊．基于“情景-任务-能力”的民航应急管理体系建设［J］．交通企业管理，2015（1）：59-61.

[4] 刘铁民．应急准备任务设置与应急响应能力建设——基于“情景-任务-能力”应急预案编制技术研究之一［J］．中国安全生产科学技术，2012，8（10）：5-13.

[5] 熊康昊．民用运输机场突发事件分类分级研究［J］．民航学报，2017（1）：9-12，61.

[6] 闪淳昌，薛澜．应急管理概论：理论与实践［M］．北京：高等教育出版社，2012.

[7] 孙佳，熊康昊，吴倩，等．中国民用航空综合应急管理工作面临的问题［J］．安全，2017，38（10）：57-60.

[8] 王亚奇，王点，胡友雪，等．应急准备体系建设的目标及路径探讨［J］．中国应急管理，2022（3）：24-35.

[9] 陈欣．增强预见性掌握主动性——聚焦应急准备工作［J］．中国应急管理，2021（4）：14-17.

[10] 熊康昊．民航突发事件若干基础问题研究［J］．交通企业管理，2018（1）：88-91.

[11] 丁雪峰，栾笑天，唐历华．中国民航安全与应急管理创新优秀案例集［M］．北京：中国民航出版社，2021.

[12] 王文俊．民用运输机场应急救援管理与实践［M］．北京：中国民航出版社，2020.

后　记

本人从2014年博士毕业到中国民航管理干部学院工作以来，一直从事民航应急管理方面的科研、教学和培训工作。至今，先后主持了四十余项应急管理科研咨询项目，服务对象包括民航局、新疆管理局、西南管理局等民航管理部门，运行监控中心，东航、国航、昆航等航空公司，白云机场、浦东机场、首都机场、宝安机场、昆明机场、西安机场、青岛机场、宁波机场、黑龙江机场集团、湖北机场集团、新疆机场集团等机场，民航局空管局、华东空管局、青岛空管站等空管单位以及中信海直和首都机场公安局等各类民航单位。

在这些年的工作过程中，深感各民航单位开展应急管理工作的不易和艰辛。尤其是由于缺乏顶层的理论和方法指导，造成各单位对应急管理一些基本概念（如预案体系、演练类型等）的理解都存在巨大偏差，应急管理工作普遍缺乏规划和引导，统筹性、计划性、系统性不强，难以有效地持续改进应急管理工作，提升应急能力。

在具体应急管理工作方面：

第一，民航单位应急预案体系建设缺乏总体规范和指导，同类型单位的应急预案体系建设存在较大差异，难以达到“横向到边、纵向到底、上下对应、内外衔接”的建设要求；

第二，缺少对应急管理组织建设的统筹指导，民航单位应急管理工作机构普遍存在机构矮化、职责不清、人员不足等情况，极大地制约了应急能力的有效生成和提升；

第三，除满足法规标准最低要求外，民航单位应急管理资源投入尤其是经费投入普遍不足，导致预案建设、培训、演练、评估等工作难以高质量开展；

第四，除专业应急处置队伍（如机场消防、机场急救等）的训练工作外，民航单位应急培训工作普遍处于较为粗放的阶段，单位层面的培训大纲普遍存在缺失，培训计划制定和实施情况很不乐观，不少单位的应急培训工作基本处于停滞状态；

第五，应急演练工作普遍缺乏整体指导和规范，单位层面的演练制度性文件普遍存在缺失，大部分单位的演练均由二级部门完成，单位层面的演练偏少，统筹性和计划性有待提升；

第六，应急评估工作存在明显的空白和短板，大部分民航单位仅通过其他检查活动（通常是安全检查、法定自查或应急演练）开展评估工作，缺乏统筹、计划、指导和规范，难以通过评估实现应急管理工作的持续改进。

由此，笔者从2016年开始就希望能写出一部供各民航单位参考使用的“应急管理工作指南性文件”，起初命名为《民航应急管理理论、实践与思考》，但随着工作阅历的增长以及写作过程的深入，越觉民航应急管理工作体系庞杂、内容精深，深感自身能力不足，暂时还难以驾驭此等大题目，继而多次辍笔。

其间，幸与广州白云国际机场达成紧密合作关系，于2018年在“广州白云国际机场应急救援体制与应急救援预案体系建设研究”项目成果基础上，与白云机场的领导和同事共同写作出版了《机场应急管理与应急救援理论、实践与探索》一书，该书的“第一章 民航应急管理与突发事件”和“第二章 机场突发事件、应急救援事件与航空器突发事件”即为作者在《民航应急管理理论、实践与思考》的原始书稿。

时光荏苒，转眼已至2022年，经过几年磨炼，更觉民航应急管理工作“博大精深”，可能要完成《民航应急管理理论、实践与思考》一书，需要毕本人一生之力；但“不积跬步，无以至千里”，作者再次将相关书稿整理，以“应急准备/应急管理工作”为对象，以“PDCA循环”为框架，编写本书，以期为民航单位开展应急管理工作体系建设提供参考性的框架、方法和示例。

应急准备（本书称之为“应急管理工作”）的概念来源于美国的国家事故管理系统（National Incident Management System，简称NIMS），在“原始文档”的概念是指为了在应急响应时做到高效、协调和快速，而持续循环进行的规划、组织、培训、装备、演练、评估和改进等活动。“Preparedness Cycle”（应急准备循环），如图1所示。

本书结合我国民航应急管理工作实际，基于“Plan”“Organize/Equip”“Train”“Exercise”和“Evaluate/Improve”五个原始要素，形成了“预案与制度”“组织与资源”“应急培训”“应急演练”和“评估与改进”的民航单位应急准备/应急管理工作体系建设框架，如图2所示。

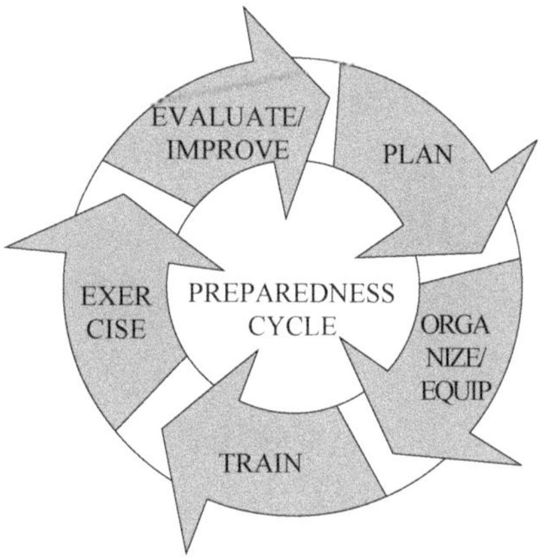

图 1 NIMS 中的“Preparedness Cycle”（应急准备循环）

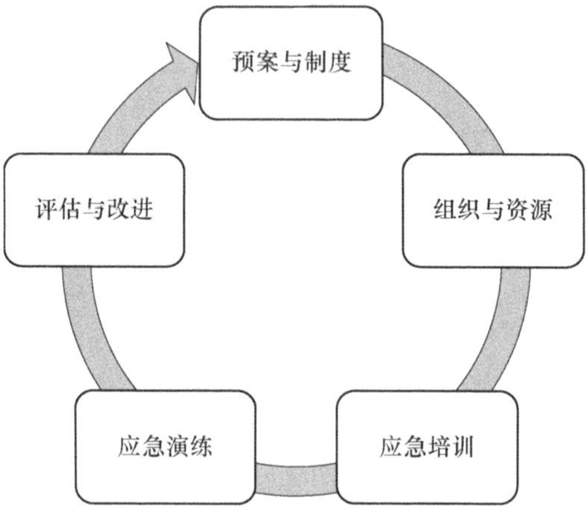

图 2 持续改进（PDCA）的民航单位应急准备/应急管理工作体系建设框架

本书内容主要来源于作者主持的“民航应急管理工作体系建设技术与手册编写研究”“民航应急管理体制研究”“民航应急预案体系建设与编制相关技术文件研究”等民航局安全能力建设项目以及相关民航企事业单位横向课题的研究成果。

本书写作期间，恰逢发生了“3·21”东航空难，132 人遇难，结束了 4227 天的中国民航安全运行纪录，举国悲痛，习总书记作出了“确保航空运行绝对安全，确保人民生命绝对安全”的重要指示。作者作为中国民航安全学院的一员和民航应急管理从业者，深感自身工作不足，唯有努力奋进，以慰逝者，谨以此书为中国民航持续安全发展尽绵薄之力。

本书成稿之时，北京市新冠肺炎疫情防控形势异常严峻，作者妻子正陪 4

岁半的女儿在隔离点集中隔离，作者每日记挂不安。由此感念起弗朗西斯·福山的名言——“时代的每一粒尘埃，落在个人身上都是一座大山”，这更让作者感受到应急管理工作的“如山责任”和“如海担当”，唯愿祖国安宁，山河无恙！

熊康昊

2022年5月2日 于北京

冶金工业出版社部分图书推荐

书　　名	作　者	定价(元)
中国冶金百科全书·安全环保卷	本书编委会	120.00
采矿手册（第6卷）矿山通风与安全	本书编委会	109.00
我国金属矿山安全与环境科技发展前瞻研究	古德生	45.00
矿山安全工程（国规教材）	陈宝智	30.00
系统安全评价与预测（本科教材）	陈宝智	20.00
安全系统工程（本科教材）	谢振华	26.00
安全学原理（本科教材）	金龙哲	27.00
防火与防爆工程（本科教材）	解立峰	38.00
燃烧与爆炸学（本科教材）	张英华	30.00
职业健康与安全工程（本科教材）	张顺堂	36.00
网络信息安全技术基础与应用（本科教材）	庞淑英	21.00
安全工程实践教学综合实验指导书（本科教材）	张敬东	38.00
火灾爆炸理论与预防控制技术（本科教材）	王信群	26.00
人员密集场所事故风险评估与应急管理	陈一洲	66.00
化工安全（本科教材）	邵辉	35.00
安全管理基本理论与技术	常占利	46.00
矿山企业安全管理	刘志伟	25.00
煤矿安全技术与管理	郭国政	29.00
建筑施工企业安全评价操作实务	张超	56.00
煤炭行业职业危害分析与控制技术	李斌	45.00
现代矿山企业安全控制创新理论与支撑体系	赵千里	75.00
危险评价方法及其应用	吴宗之	47.00
重大事故应急救援系统及预案导论	吴宗之	38.00
起重机司机安全操作技术	张应立	70.00
爆破安全技术知识问答	顾毅成	29.00
爆破安全技术	王玉杰	25.00
安全生产行政处罚实录	张利民	46.00
安全生产行政执法	姜威	35.00
安全管理技术	袁昌明	46.00
矿山安全与防灾（高职高专教材）	王洪胜	27.00
煤矿钻探工艺与安全（高职高专教材）	姚向荣	43.00